C·H·Beck
PAPERBACK

W0319056

Jürgen Luh

Der Kronprinz und das Dritte Reich

Wilhelm von Preußen und
der Aufstieg des Nationalsozialismus

Mit einem Vorwort von
Georg Herbert und Stephan Malinowski

C.H.Beck

Mit 18 Abbildungen

www.chbeck.de
Umschlaggestaltung: Kunst oder Reklame, München
Umschlagabbildungen: Adolf Hitler bei einer Rede im Stadion in Hannover anlässlich des Stahlhelmtags (Eintritt des Stahlhelms in die SA) am 24. September 1933. Links von ihm General Werner von Blomberg, Vizekanzler Franz von Papen und Kronprinz Wilhelm von Preußen.
Oben: © ullstein bild – Süddeutsche Zeitung Photo/Scherl;
unten: Foto (Heinz Röhnert) © akg-images
Satz: C.H.Beck.Media.Solutions, Nördlingen
Druck und Bindung: Druckerei C.H.Beck, Nördlingen
Gedruckt auf säurefreiem und alterungsbeständigem Papier
Printed in Germany
ISBN 978 3 406 80546 2

myclimate

klimaneutral produziert
www.chbeck.de/nachhaltig

Inhalt

Den Freunden

Vorwort

Evidenz, Debatte und Deutung
Georg Herbert und Stephan Malinowski

Es ist nicht ungewöhnlich, dass historische Arbeiten über das 20. Jahrhundert politisch und emotional aufgeladene Auseinandersetzungen auslösen, die den Kreidekreis des Fachwissenschaftlichen durchbrechen und sich zu öffentlich ausgetragenen, über Jahre oder Jahrzehnte anhaltenden Deutungsdebatten entwickeln. In aller Regel entstehen in solchen Debatten Lager, die nicht nur mit verschiedenen Deutungen, sondern auch mit verschiedenen Quellenfunden gegeneinander antreten und unter Spezialisten wie in der Öffentlichkeit um Plausibilität konkurrieren.

Ungewöhnlich an der Debatte um die politische Rolle des letzten deutschen Kronprinzen, Wilhelm Prinz von Preußen (1882–1951), die bis 2014 in vertrauliche Gutachten und behördliche Prüfungen gebannt war und seit Juli 2019 öffentlich fortgesetzt wird, ist zunächst, dass die gängige Kopplung von Geschichtswissenschaft und öffentlicher Debatte in diesem Fall deutlich überschritten ist. Die im Ursprung rechtliche, auf das politische Verhalten des ältesten Sohnes des letzten deutschen Kaisers bezogene Kontroverse wird inzwischen auf nicht weniger als fünf Ebenen geführt, die zwar partiell eigene Logiken verfolgen, einander jedoch beeinflussen. Die Debatte, die leicht erkennbar auch Fragen der politischen Identität, Traditionsbildung und Erinnerungspolitik berührt, bewegt sich auf dem Terrain des Verwaltungsrechts, der Geschichtswissenschaft, der Massenmedien, der Politik und der Meinungsfreiheit. Neben dem Verfahren über die Rückgabe enteigneten Vermögens und neben der historischen Einordnung des höchsten Vertreters der Hohenzollern auf deutschem Boden zur Zeit der Etablierung der NS-Diktatur deckt sie damit ein erstaunliches Spektrum ab.[1] In fünf historischen Fachgutachten,[2] praktisch allen deutschen Leitmedien, Plenardebatten im Bundestag und in zwei Länderparlamenten, in Expertenanhörungen des Bundestags und des Landtags Brandenburg, Monographien,[3] Sammelbänden, Aufsätzen in historischen und verwaltungsrechtlichen Fachzeitschriften, Proseminaren an historischen Fakultäten, Vortragsveranstaltungen, Online-Formaten, Leserbriefflluten, publizistischen Abschlussarbeiten, in ausländischen Medien von CNN über die Times bis zur New York Review of Books sowie in Abiturprüfungen an deutschen Gymnasien hat sich die Debatte seit 2019 vor einem Millionenpublikum entfaltet.

Ungewöhnlich erscheint neben der Breite der Debatte auch, dass die streitenden Lager sich im Kern auf dieselben Vorgänge und dieselben Quellen stützen. Während Historiker, die von einer nennenswerten Unterstützung des letzten Kronprinzen für die NS-Bewegung ausgehen, Tatsachen heranziehen, die vielfach bereits aus Biografien und Forschungen der 1950er und 1960er Jahre bekannt sind,[4] argumentiert die Gegenseite vor allem damit, dass sich eine Wirkung der Handlungen des Exkronprinzen empirisch nicht zweifelsfrei nachweisen lasse, der bisherige Kenntnisstand nicht ausreiche und durch Quellen aus dem Familienarchiv ergänzt werden müsse. Profitiert vom

Verhalten der Hohenzollern habe eher der Republikanismus als die NS-Bewegung. Vorhandene fotografische Dokumentationen seien wertlos,[5] Fakten von einem kleinen, ideologisch getriebenen Kreis von Akteuren parteiisch, verzerrt und tendenziös interpretiert worden.[6] Stattdessen präsentierte man kontrafaktische Szenarien mit der Folgerung, das NS-Regime wäre auch ohne die Handlungen und Äußerungen des ehemaligen Kronprinzen entstanden. Diese Behauptung trifft zweifellos zu, wurde allerdings von niemandem bestritten und ließe sich im Übrigen auf praktisch alle NS-Führer mit Ausnahme Hitlers plausibel übertragen. Zudem trägt die theoretische Klärung dieses irrealen Bedingungsgefüges weder im Juristischen noch im Historischen etwas zu der Frage bei, über die gestritten wird. In der historischen Diskussion sind die Unterstützungsleistungen Wilhelms für das Regime unterdessen sehr dicht belegt. In der juristischen Diskussion geht es nicht um die Verursachung des NS-Regimes, sondern um die Frage nach seiner erheblichen Förderung.

Ungewöhnlich für eine historische Debatte ist somit das Fehlen jeglicher Gegen-Evidenz, auf der sich eine abweichende Deutung aufbauen ließe. Der einzige Text, in dem dies jemals ernstlich versucht wurde und der den Exkronprinzen als «Hitler-Gegner» interpretierte,[7] hat das Tageslicht der Fachkritik keine vier Wochen überstanden und ist danach nie wieder eingesetzt worden. Historiker, Juristen und Journalisten, die den Entschädigungsanspruch der Hohenzollern verteidigen, erklären den Exkronprinzen zu einer unbedeutenden Randfigur, zum Spieler und Filou, der nach 1918 in Deutschland im inneren Kreis der konservativen Machteliten nicht ernst genommen worden und dessen öffentliches Werben für den Nationalsozialismus an keiner Stelle von messbarer Wirkung gewesen sei.

So gelten in dieser Deutung etwa das im März 1932 geplante Machtbündnis zwischen dem letzten Kronprinzen und Hitler als belanglose Episode, der Wahlaufruf für Hitler im April 1932 als kontraproduktiv, die Mitgliedschaft im Stahlhelm als Ausweis der Distanz zur NS-Bewegung, das Eintreten für die SA als Versuch, die NSDAP finanziell zu ruinieren, und die Teilnahme des ehemaligen Kronprinzen und weiterer Mitglieder seiner Familie am Tag von Potsdam als irrelevant. Jahrelang kreiste die Debatte immer wieder um wenige Einzelmomente. Der Streit um die öffentlich stark beachtete Präsenz des letzten Kronprinzen am sogenannten Tag von Potsdam (21. März 1933), erst in der Potsdamer Garnisonkirche und dann, am selben Tag, bei der Eröffnung des Reichstags in der Berliner Kroll-Oper, gedieh zu einer Spezialisten-Debatte über die Sitzordnung und die Bestuhlung in der Garnisonkirche. Darüber geriet ein wenig aus dem Blick, dass der national und international beachtete Aufmarsch diverser Mitglieder der Familie von Preußen auf der bis dahin größten und wichtigsten Propaganda-Veranstaltung des noch jungen Regimes nicht mehr als ein Glied in einer langen Reihe von symbolpolitischen Auftritten des ehemaligen Kronprinzen darstellte, deren stetiges Ziel es war, die Vereinigung konservativer und nationalsozialistischer Funktionseliten und Gruppierungen zu befördern und nach außen darzustellen. Während die über Jahre entwickelten Formen politischer und symbolischer Kollaboration detailliert aufgearbeitet wurden, gibt es beim Stand der Forschung keinen Text, in dem zusätzliche und von der älteren Forschung nicht beachtete Formen kommunikativer Unterstützung des NS-Regimes durch Wilhelm Prinz von Preußen so präzise und so nüchtern dargestellt werden wie in den hier vorgelegten Arbeiten des Potsdamer

Historikers Jürgen Luh. Die hier in bemerkenswerter Genauigkeit dokumentierten kleinen und großen Akte ergeben in ihrer Addition eine wichtige Ergänzung des historischen Forschungsstands.

Einem Urteil des Verwaltungsgerichts Potsdam, ob der ehemalige Kronprinz Wilhelm dem nationalsozialistischen System «erheblichen Vorschub geleistet» hat, will Georg Friedrich Prinz von Preußen unterdessen durch eine Klagerücknahme aus dem Weg gehen. Denn bei einer «erheblichen Vorschubleistung» ist eine Entschädigung für Enteignungen auf besatzungsrechtlicher oder besatzungshoheitlicher Grundlage, die nicht mehr rückgängig gemacht werden können, nach § 1 Abs. 4 des Ausgleichsleistungsgesetzes ausgeschlossen. Das Landesamt zur Regelung offener Vermögensfragen Brandenburg lehnte nach Einholung dreier historischer Gutachten den vom Generalbevollmächtigten von Louis Ferdinand Prinz von Preußen (1907–1994), Sohn und Universalerben Wilhelms von Preußen, vor fast drei Jahrzehnten gestellten Antrag auf Entschädigung wegen Enteignung von Grundeigentum in der sowjetisch besetzten Zone im Oktober 2015 ab, weil es den Ausschlusstatbestand als erfüllt erachtete. Seit Veröffentlichung dieser und eines weiteren historischen Gutachtens im Jahr 2019 entbrannte um die Frage der «erheblichen Vorschubleistung» ein öffentlicher Streit mit einer kaum noch überschaubaren Fülle von mehr oder weniger wissenschaftlichen Stellungnahmen.

Die Intensität der Kontroverse ist angesichts ihres Gegenstands, der um Rechtsfragen, geschichtliche Ereignisse und moralische Bewertungen kreist, kaum verwunderlich. Anders jedoch als in der Debatte immer wieder behauptet, ist der Tatbestand der «erheblichen Vorschubleistung» keineswegs eine kaum beherrschbare Konstruktion, sondern ein unbestimmter Rechtsbegriff, mit dem umzugehen zu den Standards deutscher Gerichte gehört.[8] Sie lösen dieses Problem durch juristische Methoden wie die Klärung des Wortsinns in seinem Zusammenhang, die Berücksichtigung der Materialien und Erwägungen des Gesetzgebers, Vergleiche mit rechtsähnlichen Gesetzestatbeständen und die Heranziehung einschlägiger Rechtsprechung. Die entscheidungserheblichen Tatsachen, die den Rechtsbegriff ausfüllen, haben die Verwaltungsgerichte von Amts wegen aufzuklären. Werden entscheidungserhebliche Tatsachen von einem Verfahrensbeteiligten substantiiert in Frage gestellt, sind sie im Weg der Beweisaufnahme zu klären, soweit es sich nicht um allgemeinkundige geschichtliche Sachverhalte oder Ereignisse handelt.

Durch die seit 2005 ergangene Rechtsprechung des Bundesverwaltungsgerichts sind die im Fall der Hohenzollern relevanten Merkmale des Ausschlusstatbestands rechtlich geklärt. Ein erhebliches Vorschubleisten ist bereits in der Phase der Errichtung des NS-Regimes möglich und nicht erst nach dessen Etablierung. Es setzt in objektiver Hinsicht voraus, dass «nicht nur gelegentlich oder beiläufig, sondern mit einer gewissen Stetigkeit Handlungen vorgenommen wurden, die dazu geeignet waren, die Bedingungen für die Errichtung, die Entwicklung oder die Ausbreitung des nationalsozialistischen Systems zu verbessern oder Widerstand zu unterdrücken, und die dies auch zum Ergebnis hatten». Das Vorschubleisten muss sich «auf spezifische Ziele des nationalsozialistischen Systems bezogen haben. Eine Unterstützung nicht spezifisch von der nationalsozialistischen Ideologie geprägter Bestrebungen wie etwa des Ziels, den 2. Weltkrieg zu gewinnen, genügt nicht. (...) Ein ‹erhebliches›

Vorschubleisten setzt ferner voraus, dass der Nutzen für das Regime nicht nur ganz unbedeutend gewesen ist» (BVerwGE 123, 142 [145 f.] – Hugenberg). Es genügt hiernach die Eignung der Handlungen zur Unterstützung, deren Kausalität für die Errichtung oder Festigung des Regimes setzt der Ausschlusstatbestand nicht voraus. Dessen subjektive Voraussetzungen sind erfüllt, «wenn die betreffende Person dabei in dem Bewusstsein gehandelt hat, ihr Verhalten könne diesen Erfolg haben, wenn ihr Handeln also hierzu bestimmt war. (...) Hierfür (genügt) nicht bereits die Kenntnis der Ziele dieses Systems. (...) Andererseits muss die Errichtung oder Festigung des Systems nicht in der Absicht des Betreffenden gelegen haben. (...) Das Wissen und Wollen des Vorschub Leistenden muss sich nur auf das eigene Tätigwerden und dessen Wirkung als Beitrag zur Errichtung oder Festigung des nationalsozialistischen Systems bezogen haben, es muss nicht alle Einzelheiten der späteren Entwicklung einschließen.» Unerheblich für ein «Fördern» im Sinn des Ausschlusstatbestands ist, «ob sich der Betreffende über die weitere politische Entwicklung geirrt hat» und ob er mit seinem Handeln «zugleich eigene Ziele verfolgt hat» (a. a. O., S. 147 f.). Diese höchstrichterliche Rechtsprechung ist durch zahlreiche weitere Entscheidungen (zuletzt BVerwG, Neue Justiz 2018, 304 [Deutscher Herrenklub /Der Ring]) gefestigt.

Eine solche Präzisierung ist auch in der vorliegenden Debatte von Bedeutung. Es ging an keiner Stelle der Debatte darum, dem Exkronprinzen blindes Parteigängertum nachzuweisen, dergleichen blieb im Hochadel generell selten und auch der Exkronprinz kam diesem niemals nah. Die wirkungsvollsten Beiträge zum Nationalsozialismus liegen auch nicht unbedingt bei den Vertretern einer unbedingten Gefolgschaft, wie die Geschichtswissenschaft immer deutlicher herausgearbeitet hat.[9] Dass der Exkronprinz wie viele seiner Standesgenossen als Ziel seiner Bemühungen nicht die völkermordende Diktatur anstrebte, die etwa im Jahre 1942 etabliert war, stellt seine faktischen Beiträge zur Herstellung und Stabilisierung der Koalition vom Januar 1933 nicht in Frage. Dabei geht es nicht um Pläne oder Intentionen,[10] sondern um Handlungen, Äußerungen und Schriften, die nach den Kriterien von Belegbarkeit und Plausibilität zu würdigen sind.

Die Rolle des Mannes mit dem unvergleichlich großen Namen war vielmehr die eines Brückenbauers und Vermittlers – im privaten und inneren Kreis der alten Eliten, deren Teil er blieb –, vor allem aber die kommunikative, propagandistische und symbolische Unterstützung der NS-Bewegung und des NS-Regimes. Im Blick auf die langjährigen und erheblichen Widerstände, die es in Teilen der konservativen Eliten gegen eine direkte Zusammenarbeit mit den Nationalsozialisten gegeben hatte, ist zudem die einzigartige symbolische Rolle des «höchsten» Trägers des Namens Preußen auf deutschem Boden in Rechnung zu stellen. Für jeden General, Richter, Großgrundbesitzer, Universitätsprofessor, Industriellen, Zeitungsbesitzer oder konservativen Parteiführer, der sich für ein Zusammengehen mit den Nationalsozialisten aussprach, ließen sich Dutzende von Pendants finden. Einen preußischen und deutschen Kronprinzen jedoch, der auf öffentlichen Großveranstaltungen in Berlin, Potsdam, Schlesien, in Düsseldorf und Naumburg, in der lokalen, deutschen, europäischen und amerikanischen Presse für den Nationalsozialismus warb, gab es nur ein einziges Mal. Ob die Behauptung, der Kronprinz sei im konservativen Milieu ohne jede Bedeutung gewesen, vor Gericht plausibel erscheinen würde, erscheint mehr als fraglich. Historisch und rechtlich ist eine der wichtigen Fragen, ob diese herausragende und überall beachtete Einzelperson jene Kräfte gestärkt hat, die für eine Distanz zum Nationalsozialismus plädierten, oder jene, die auf ein Bündnis hinarbeiteten. In der Zeit um 1933, als beide Milieus und ihre Organisationen zu fusionieren begannen, bestanden noch komplizierte Macht- und Mischungsverhältnisse, für deren angemessene Deutung einige Sachkenntnis vonnöten ist.

An eben dieser Stelle liegt die Bedeutung der hier versammelten empirischen Studien zum öffentlichen und politischen Agieren des Exkronprinzen. Die Texte erweitern, präzisieren, korrigieren und nuancieren die bislang bekannten geschichtlichen Sachverhalte und fügen dem bekannten Spektrum der Tatsachen neue, bislang unbekannte und in der Forschung übersehene, hinzu. Wie unter einer Lupe werden die rastlosen Aktivitäten und die Schubwirkung, die der ehemalige Thronprätendent im eigenen Milieu entfaltete, ebenso deutlich wie seine stetige und zielgerichtete Zusammenarbeit mit Propagandisten, Schlüsselfiguren und Massenmedien. Die empirische Grundlage für eine historische und gerichtliche Bewertung des Gesamtverhaltens wird in den in diesem Buch zusammengetragenen Texten erheblich erweitert, was auch für die hier zum Teil erstmals publizierten Bildquellen gilt. Während zu Beginn der Debatte die Wiederentdeckung eines Fotos, das Hitler und den Exkronprinzen lächelnd vor der Potsdamer Garnisonkirche zeigt, als bemerkenswert gelten durfte, liegt unterdessen auch eine breite fotografische Evidenz vor, in der die symbolträchtige Zusammenarbeit mit dem Nationalsozialismus dokumentiert ist. Jürgen Luhs in akribischer Quelleninterpretation erarbeitete

Studien unterstreichen das Bild eines «öffentlichen Mannes», der – unter ständiger Beobachtung nationaler und internationaler Massenmedien – während der für die Herstellung der deutschen Diktatur entscheidenden Jahre 1932 bis 1934 in verblüffender Stetigkeit und fast monatlich für eine Koalition der alten Eliten in der Reichswehr, im Stahlhelm, im Staatsdienst, in den Rechtsparteien, im Adel und im Großgrundbesitz mit dem Nationalsozialismus warb und ebenso stetig, unübersehbar und von großer Aufmerksamkeit begleitet seine Einstellung zum NS-Regime in Publikationen, Aufrufen, Interviews und öffentlichen Auftritten nachwies.

Mit Andreas Wirsching und Martin Sabrow hatten zwei Direktoren der beiden wichtigsten deutschen Forschungsinstitute für Zeitgeschichte den unterdessen vorliegenden Forschungsstand mit der Aussage unterstrichen, dass sich aus Sicht der Geschichtswissenschaft keine Argumente vorbringen lassen, um die von Georg Friedrich Prinz von Preußen vor dem Verwaltungsgericht Potsdam erhobenen Klagen zu untermauern.[11] Die in dieser Angelegenheit der Geschichtswissenschaft seit 2014 gestellte Aufgabe war es, die rekonstruierbaren historischen Tatsachen darzustellen. Wie die hier versammelten Beiträge von Jürgen Luh belegen, lässt sich die Evidenz durch weitere Forschung festigen und erweitern.

1

Düsseldorf 1933. Der 3. Waffentag der deutschen Kavallerie oder Wie die alten Soldaten in den «neuen Staat» überführt wurden

1933 trafen sich in Düsseldorf vom 1. bis 3. Juli die im «Deutschen Waffenring der deutschen Kavallerie» zusammengeschlossenen Vereine, Traditionsverbände und Kavalleristen der alten kaiserlich-preußisch-deutschen Armee zum dritten Mal, nach Dresden (11. bis 13. Juli 1931) und Hannover (18. bis 20. Juni 1932). «Es war der erste Waffentag im neuen nationalsozialistischen Staat, der den Gedanken der Kameradschaft pflegt und fördert», verkündete der «Westfälische Beobachter. Kampfblatt für nationalsozialistische Politik», nun nationalsozialistische Tageszeitung für Westfalen-Nord, vom 3. Juli 1933 unter der Überschrift «Der Waffentag der deutschen Kavallerie. Die Reiter der alten Armee in Düsseldorf».[1] In der Tat stand das große Reitertreffen der ehemaligen und der noch existierenden Kavallerieeinheiten des Deutschen Reichs, wie man dem «parteiamtlich anerkannten» Blatt entnehmen kann, ganz im Zeichen des Hakenkreuzes, das als Symbol bei dieser Veranstaltung die Nationalsozialistische Deutsche Arbeiterpartei, den deutschen

Staat und seine alten Eliten sinnbildlich und für jedermann erkenntlich zusammenführen und vereinen sollte. Dies, obgleich der Exkaiser aus Doorn ein Brieftelegramm gesendet hatte, das noch vom «sieghaften Kampf für König und Vaterland, für Kaiser und Reich» schwadronierte.[2] Die rote Fahne mit dem schwarzen Hakenkreuz im weißen Kreis wehte bei der Veranstaltung überall in der Stadt: in den Straßen, im Stadion, neben, vor und hinter den Kavalleristen, zum Teil von ihnen getragen.

Die Hakenkreuzfahne war riesengroß und weithin sichtbar auch an der Rückwand der Ehrentribüne des Rheinstadions angebracht, dort wo die Verantwortlichen und Ehrengäste standen und saßen. Sie war oberhalb der am Balkon befestigten schwarz-weiß-roten Fahne des Deutschen Reichs zu sehen, hierarchisierte auf diese Weise die alte Flagge des Kaiserreichs und machte augenfällig jedermann den Vorrang des nationalsozialistischen Symbols deutlich. Das große Hakenkreuz war nur klein und zurückhaltend links und rechts von schwarz-weiß-roten Bannern gerahmt.

Der Düsseldorfer «Waffentag» war eine weitere Station auf dem gleich nach der «Machtübernahme» beschrittenen Weg zur Gleichschaltung aller konservativen Verbände, in diesem Fall zur Einreihung der kaiserlichen Reiterelite ohne Wenn und Aber in die Front der Nationalsozialisten. Auch die Kavallerie-Veranstaltung in Düsseldorf sollte dazu beitragen, «einen neuen Menschen» zu schaffen, ganz so wie Hitler auf der in Bad Reichenhall parallel stattfindenden SA-Führertagung zum wiederholten Mal verkündete. Denn «das Wesentliche einer Revolution», so Hitler, sei «die Erziehung des Menschen». Und um dieses Ziel zu erreichen, komme es «darauf an, daß die besei-

3. Waffentag der deutschen Kavallerie, Düsseldorf 1933, Ehrentribüne im Rheinstadion mit Hakenkreuzfahne, am Balkon darunter die schwarz-weiß-rote Fahne des Deutschen Reichs

tigte Staatsgewalt von einer neuen Autorität abgelöst werde.» Wer diese Autorität sei, daran ließ er keinen Zweifel: «Die nationalsozialistische Bewegung müsse den Staat zum Träger ihres Geistesguts machen.»[3] Alles Alte, bedeutete dies, müsse von der nationalsozialistischen Idee aufgesogen, ihr untergeordnet oder, wenn es Widerstand leistete, «vernichtet» werden. Der Kavallerietag sollte ein weiterer großer Schritt auf dem Weg hin zu diesem Ziel sein, sollte die Hakenkreuzfahne, «unsere Fahne», wie es in einem kurzen Beitrag Hitlers in der den «3. Waffentag» anzeigenden Programm-Ausgabe der Deutschen Kavallerie-Zeitung vom 1. Juli 1933 hieß, «als Fahne der deutschen Erhebung der alten Fahne der Vergangenheit zu Seite stellen. [...] Die junge Fahne der deutschen nationalen Revolution» sei «der alten Fahne der Vergangenheit würdig als Symbol des deutschen Volkes, der deutschen Ehre, der deutschen Freiheit».[4]

Das war während der beiden ersten «Waffentage», die vom 11. bis 13. Juli 1931 in Dresden und vom 18. bis 20. Juni 1932 in Hannover stattfanden, noch ganz anders gewesen. Kein Hakenkreuz weit und breit, keine SA, keine SS. Die Fahnen und Standarten der alten Reiter-Regimenter sowie die farbigen Wimpel der im Waffenring zusammengeschlossenen Kavallerie-Vereine waren zu sehen. Mitgeführt wurden sie von den verschiedenen Schwadronen. Auf keinem überlieferten Foto sind die schwarz-weiß-roten Flaggen des vergangenen Kaiserreichs zu sehen, stattdessen lediglich Girlanden mit schwarz-weißen Wimpeln, den Farben der ehemaligen Kaiser und Könige aus dem Haus Hohenzollern. Sie wechselten sich mit den Wimpeln der im «Waffenring» vereinigten Kavallerie-Vereine ab. Die konservative Tradition und die Nostalgie dominierten. Gut zu erkennen ist dies während des «1. Waffentags» am 12. Juli 1931. Unter der Tribüne der heute nicht mehr existierenden Ilgen-Kampfbahn in Dresden, die im Zweiten Weltkrieg zerstört wurde – an ihrer Stelle wurde das heute abgerissene Harbig-Stadion erbaut –, flatterten Preußens Farben.

Die Tage in Dresden und Hannover waren, wie die Programme und Berichte offenbaren, im Grunde rein folkloristische Reiterveranstaltungen. In Dresden etwa marschierten die «Standarten-Eskadronen», Reiterformationen in historischen Uniformen, am ersten Tag, einem Samstag, vom Hauptbahnhof Richtung Carolastraße durch Sidonien-, Wiener und Gellertstraße. Am Sonntag gab es um 9:00 Uhr einen Feldgottesdienst mit Gefallenenehrung in der Ilgen-Kampfbahn, an der sich eine besondere «Ehren-Eskadron» mit den Standarten der früheren deutschen Kavallerie beteiligte. Nachmittags fanden im Stadion Sport- und Reitvorführungen statt. Es gab ein Turnier mit Dressur-, Spring- und Fahrprüfungen. Den Abschluss bildete ein von drei Trompetenkorps vorgetragenes «Reiterkonzert». Während des gesamten Waffentages fand zudem als Attraktion für Familien und Tierliebhaber eine Ausstellung statt, in der Landwirte Pferde aus eigener Zucht präsentierten. Am Montag war Abmarsch. Der Eintrittspreis für das Turnier war gering, die Bevölkerung Dresdens «herzlich gebeten durch Beflaggung am 11. und 12. Juli ihr Interesse am deutschen Reitertag zu bekunden». Offizielle der Stadt begrüßten die hohen Mitglieder und den «Schutzherrn» des deutschen Waffenringes der deutschen Kavallerie e. V., Generalfeldmarschall August von Mackensen. Der dankte und erwiderte den Gruß mit einer kleinen Ansprache.[5]

In Hannover sollte vor allem die «Reiterdemonstration» der alten Soldaten in Erinnerung bleiben. Hier wurde der «Waffentag» mit einem Feldgottesdienst eröffnet, dem eine «vaterländische Kundgebung» im Hindenburgstadion und ein «Reiterkommerz» in den Räumen der Stadthalle folgten. Die Ansprachen fielen «reiterlich knapp» aus, General a. D. Preußer, der frühere Kommandeur der Kavallerieschule, «begrüßte die Kameraden, Generalfeldmarschall Mackensen dankte der Reiterstadt für die herzliche Aufnahme und bewies dann mit seiner Rede, daß er noch immer wie kein anderer die Sprache der alten Soldaten zu reden versteht». Der Tag schloss mit «einem Zapfenstreich der Kavallerie». Am nächsten Tag fand dann der große «Vorbeimarsch der Reiterabordnungen» vor Mackensen, Preußer, wenigen Gästen des Waffenrings und überschaubarem Publikum statt. Die Kavalleristen waren «in den Uniformen der alten, ruhmvollen Regimenter aus allen Teilen des Reichs», Dragoner, Husaren, Gardeulanen gekleidet.[6] «Die alten Militär-, Krieger-, Kameradschaftsvereine hätten gerade in der heutigen Zeit, in der dem deutschen Volk die alte unvergleichliche Armee genommen sei, besondere Bedeutung. Denn der lebendige Geist der Kameradschaft und Freundschaft sei das einzige, was dem deutschen Volk vom Feind nicht genommen werden könne», hieß es lapidar über die Veranstaltung in einer kleinen Meldung in der Presse.[7]

Sowohl Dresden als auch Hannover waren Treffen, bei denen zum einen Landwirte ihre Zuchterfolge zeigten und Reitsport- und Pferdeinteressierte an Wettkämpfen teilnahmen, zum anderen die «alten Soldaten» des Weltkriegs, Reiter meist mittleren Alters, in wenigen Straßen sowie im Stadion der jeweiligen Herbergsstadt einem doch recht übersichtlichen Publikum zwei Tage lang kaiserzeitliche und sogar alt-preußische Reiter-Uniformen vorführten und öffentlich gelobten, «daß man mit der ganzen Kraft der älter und alt gewordenen Reiterherzen bei der Sache des Vaterlands ausharren wolle, so traurig und entmutigend fremd die Gegenwart auch beschaffen sein mag».[8] Von den Sportwettkämpfen abgesehen, waren es altertümlich-sentimentale Veranstaltungen eines konservativen Personenkreises, der dem Glanz und Gloria der Kaiserzeit, vielleicht der Monarchie überhaupt, jedenfalls dem «Vaterland», wie es in dieser Gruppe vorgestellt und gewünscht wurde, nachtrauerte. Dieser Eindruck vermittelt sich stark, wenn man die vielen Fotos oder Postkarten von den durchgeführten Veranstaltungen, Turnieren, Umzügen und Paraden anschaut und die von diesen Tagen erhaltenen Berichte durchliest.

In Düsseldorf 1933 erhielt der gesamte «Waffentag» eine neue

Ausrichtung. Aus einem um Aufmerksamkeit heischenden, konservativ-nostalgischen Reitertreffen mit Sportveranstaltung und Tierschau wurde eine propagandistische Großveranstaltung «im neuen nationalsozialistischen Staat»: Allein 20 000 Kavalleristen mit 7000 Angehörigen waren erschienen. «Deutsche Reiter am deutschen Rhein», wie es jetzt hieß! «Im Stadtbild fallen die zahlreichen Vorkriegs-Reiter-Uniformen auf.» Immerhin das war gleich geblieben.

Neu hinzu kamen nun aber die SA-Reiterstandarten. Die gesamte Stadt, selbst die beiden Kunstinstitute Düsseldorfs, das Historische Museum und die Kunsthalle, stellten «sich ganz in den Dienst der Sache» durch Festschmuck, mittels Ausstellungen mit Erinnerungsstücken, durch Zinnsoldaten und Schlachtengemälde.[9] Ein großes Reit- und Springturnier fand parallel und mit dem «Waffentag» verwoben statt.

Alles wurde vom neuen Regime organisiert, dessen Vertreter wenige Wochen nach der «Machtergreifung» die «wichtigsten Positionen in der Verwaltung der Stadt und des Landes» übernommen hatten.[10] «Diejenigen, die uns vor Monaten noch als Raufbolde und Banditen ansahen, haben heute ihren Irrtum eingesehen», verkündete selbstherrlich der Gaupressewart Köln-Aachen der NSDAP K. R. Moritz in seinem Grußwort an die Teilnehmer des «Waffentags». «Die Frontsoldaten- und Kriegervereine aber, die uns nicht etwa ablehnend, vielfach aber fragend gegenüberstanden, sehen heute in uns [Nationalsozialisten] die Truppe der jungen Revolution, die ihnen in Freundschaft die Hand zum Einigkeitsbunde reicht. […] Wir wollen den Kampf als braune Soldaten fortsetzen, den die feldgrauen Soldaten an allen Fronten begonnen haben. […] Wir wollen kein Bündnis mit Vereinsmeierei, gleich welcher Art, kämpfen aber für eine unlösbare Geschlossenheit. [...] Wir wissen, daß Deutschland nur leben kann, wenn wir zu jedem Opfer bereit sind. Wenn wir bereit sind, unser Leben hinzugeben, wenn wir damit Deutschland dienen können. Das ist derselbe Geist, der die feldgrauen Soldaten beseelte und ihnen wie uns die schwersten Opfer leicht machte. [...] Mehr als dreihundert unserer Kameraden haben ihr Leben hingegeben nicht für einen Materialismus, nicht für einen Standesdünkel oder Klassenwahn, sondern für Deutschland. Für Deutschland. Wie zwei Millionen feldgraue Soldaten für Deutschland gestorben sind. Das verbindet uns und wird uns auf immer zusammenschweißen. [...] In diesem Geist grüßen wir die in Düsseldorf zusammenkommenden Soldaten am Kavallerietag.»[11]

In der Stadt sah man «ueberall, wohin das Auge reichte – Fahnen- und Blumenschmuck! Aus dem ganzen Reich waren die Kavalleristen eingetroffen, auch zahlreiche Abordnungen der früheren Kavallerie-Regimenter, die [wie üblich] zu einem großen Teil mit ihren schönen alten Paradeuniformen angetan waren. Viele höhere und höchste Offiziere der alten Armee waren angekommen» – darin unterschied sich der Düsseldorfer Waffentag von seinen Vorgängern in Dresden und Hannover, wo sich außer den offiziellen Vertretern des «Waffenrings» und Mackensen niemand hatte sehen lassen.[12] All die Teilnehmer dieses Tages, die sich fast geschlossen als Vertreter des alten preußisch-deutschen Staates sahen, in den «neuen nationalsozialistischen Staat» symbolisch zu überführen und einzugliedern, war das Ziel der mit großem logistischen Aufwand organisierten Veranstaltung, deren Durchführung, wie man sehen und lesen konnte, «wirksame Unterstützung [erhielt] durch die SS und SA, die überall zur Verfügung stand».[13]

Diese Überführung und Eingliederung in den «neuen Staat» unter dem Hakenkreuz geschah – weithin sicht- und erlebbar – durch den vormaligen Kronprinzen des Deutschen Reichs, Wilhelm, sowie durch den Generalfeldmarschall von Mackensen in seiner Funktion als Schutzherr des Waffenrings der deutschen Kavallerie. Mackensen begann damit, gar noch bevor die zahlreichen Veranstaltungen des «Waffentags» am 1. Juli ihren Anfang nahmen. Er legte am 30. Juni, dem vorangehenden Freitag, am Schlageterdenkmal auf der Golzheimer Heide im Namen des Waffenrings einen großen Eichenkranz «mit schwarzweißroten Farben mit dem Hakenkreuz» am Grab Albert Leo Schlageters nieder.[14]

Generalfeldmarschall von Mackensen war seit der Kapitulation 1918 das Gesicht der alten, angeblich nur durch «einen Dolchstoß in den Rücken» besiegten Armee. Mit der Niederlage des Deutschen Reiches im Ersten Weltkrieg, dem Ende der Monarchie mit der Abdankung der Hohenzollern und den harten Auflagen des Versailler Vertrages für Deutschland ist er nicht zurechtgekommen. Die Weimarer Republik lehnte er ab. Er hatte noch im Jahr zuvor auf ein Wiedererstarken der Monarchie, auf eine Rückkehr der Hohenzollern an die Macht gehofft und anlässlich des 50. Geburtstags des Exkronprinzen in Schloss Cecilienhof verkündet, der Kaisergedanke sei auf dem Vormarsch. Nachdem Hitler am 30. Januar 1933 von Reichspräsident Hindenburg zum Reichskanzler ernannt worden war, verband er mit der Hitler-Regierung «den Beginn der nationalen Sammlung unseres Volkes».[15] Am Tag von Potsdam, am 21. März 1933, wirkte Mackensen ebenso wie der Exkronprinz, die beide nicht hätten erscheinen müssen, durch ihre Anwesenheit an der «Vermählung zwischen den Symbolen der alten

Größe und der jungen Kraft» mit, wie Hitler in seiner Rede in der Potsdamer Garnisonkirche ausrief. Beide applaudierten. «‹Wir deutsche Offiziere sind Vertreter der Reaktion genannt worden, wir waren aber Träger der Tradition. Im Sinne dieser Tradition, uns ganz aus dem Herzen, hat Hitler so wunderbar in Potsdam gesprochen›, schwärmte Mackensen».[16]

In dem von Hitler bezeichneten, von Mackensen bejubelten Sinn brachte der Generalfeldmarschall den Kranz des Waffenrings am Grab Schlageters dar, dessen bewusst gewählte, genau überlegte Schleife das Schwarzweißrot, die Farben des alten Reichs, mit dem Hakenkreuz, dem Symbol des «neuen Reichs» vereinte. Die Symbolik des Aktes beschränkte sich aber nicht nur auf eine «Vermählung» der Zeichen. Er war auch deshalb bedeutungsvoll, weil Schlageter, den die französische Besatzungsmacht 1923 für einen Sabotageanschlag im Ruhrgebiet hatte hinrichten lassen, durch die NSDAP kurz zuvor von einem rechts-national gesinnten Freikorpskämpfer, den zunächst die National-Konservativen verehrten und für sich vereinnahmten, mit großem Pomp und sichtlich erfolgreich zum ersten Nationalsozialisten stilisiert worden war.

Im Mai 1933 hatte «das neue Regime den 10. Todestag Schlageters zu einer großen Selbstdarstellung, verbunden mit einer Massenmobilisierung», genutzt. Die NSDAP war in diesen Tagen als Veranstalter aufgetreten unter dem Motto «Schlageter lebt»: Am 27. Mai nachmittags wurde ein Überflug von 100 Flugzeugen über die Denkmalanlage inszeniert, abends fand eine Gedenkfeier der Hitler-Jugend mit angeblich 70 000 Teilnehmern und einer Rede des «Reichsjugendführers» Baldur von Schirach statt, musikalisch untermalt durch zwanzig Kapellen der SA, Reichswehr und des Stahlhelms; am 28. Mai folgte die

Hauptkundgebung mit einer langen Rede Görings, einer kurzen Rede des Gauleiters Florian, der Übergabe des «Schlageter-Gedächtnismals als Nationalheiligtum in die Obhut des Ministerpräsidenten». Anschließend wurden Kränze niedergelegt, zum Schluss das Lied vom guten Kameraden, das Deutschland- und das Horst-Wessel-Lied gesungen.[17] Mackensen war bei dieser lange geplanten NS-Jubelfeier nicht anwesend. Am 30. Juni 1933 nun holte er seine Teilhabe medienwirksam nach.

Exkronprinz Wilhelm war das Gesicht des vormals regierenden Herrscherhauses, stand in der Öffentlichkeit für die Hohenzollern und, wie Mackensen, für die Ablehnung der Republik und Demokratie. Weil er versprochen hatte, sich in der Republik politisch nicht zu betätigen, nicht zu reden, nicht aufzutreten, war ihm erlaubt worden, aus seinem Exil in den Niederlanden zurück nach Deutschland zu kommen.[18] Doch hat er sein Versprechen nicht gehalten. Bereits seine Mitgliedschaft im demokratie- und republikfeindlichen «Stahlhelm – Bund der Frontsoldaten» war eine politische Äußerung. Am 1. April 1932 hatte er, obgleich dem «Stahlhelm» zugehörig, in der Stichentscheidung der Reichspräsidentenwahl aufgerufen, Hitler zu wählen, er selbst werde das tun, und sich damit gegen seine eigene Vereinigung, den Stahlhelm, gestellt sowie gegen alle übrigen konservativen Verbände wie etwa den Thüringer Landbund oder die Anhänger Hugenbergs, die sämtlich Hindenburg unterstützten. Den Zuwachs von zwei Millionen Stimmen für Hitler im zweiten Wahlgang hat Wilhelm sich stolz auf seine Fahnen geschrieben.[19]

1933 war er vielbeachteter Teilnehmer des «Tags von Potsdam» und im Anschluss bei der Eröffnungssitzung des Reichstags der Vertreter des Hauses Hohenzollern in der Diplomaten-

3. Waffentag der deutschen Kavallerie, Düsseldorf 1933. Exkronprinz Wilhelm und August von Mackensen betreten das Rheinstadion und schreiten eine Ehrenkompanie der Düsseldorfer Schutzpolizei ab.

loge der Krolloper in Berlin. Seine freiwillige Anwesenheit, die in der Berichterstattung der Presse jeweils betont und eigens hervorgehoben wurde, signalisierte den Beobachtern und Betrachtern seine Zustimmung zu den Vorgängen, denn notwendig war seine Teilnahme an beiden Ereignissen nicht. Zu der nationalsozialistischen Schlageter-Ehrung hatte Wilhelm, wegen einer Krankheit verhindert, wie er sich entschuldigte, leider nicht kommen können, aber durch seine öffentliche Kranzspende symbolisch sehr zustimmend an den Feierlichkeiten teilgenommen. Er und sein Vater, der Exkaiser Wilhelm II. in Doorn, hatten, wie ein Zeitungsfoto zeigt, große Kränze gesandt, die von SS-Männern am Schlageterdenkmal aufgestellt und bewacht wurden.[20]

Und erstmals erschien Wilhelm nun auch persönlich zu

einem «Waffentag der deutschen Kavallerie». Sein Erscheinen und Auftreten 1933 in Düsseldorf wurden von der Presse gewissenhaft begleitet und vermeldet. Die Aufmerksamkeit und der Jubel um seine Person waren groß. Schon über seine Ankunft gegen Abend des ersten Tages im Parkhotel wurde genau vermerkt: «eine große Menschenmenge» habe seiner geharrt. Wilhelm kam rechtzeitig zu dem «Höhepunkt der Samstagveranstaltungen», dem «Deutschen Abend» im Rheinstadion, der Veranstaltung, die sich, wie geplant, «zu einer gewaltigen nationalen Kundgebung gestaltete».[21]

Das seit Freitag stattfindende Reit- und Springturnier hatte den sonst so Pferdesportbegeisterten offensichtlich nicht, jedenfalls weit weniger interessiert. Zum «Deutschen Abend» begrüßte der von der NSDAP eingesetzte kommissarische Oberbürgermeister Düsseldorfs, Dr. Wagenführ, der sich schon bei der Schlageter-Gedenkfeier hervorgetan hatte, mit den Worten: «Deutschland wolle den Frieden, aber das Unrecht von Versailles könnten und wollten wir nicht tragen. Düsseldorf sei belebt von dem Geiste unseres Kanzlers Hitler und bilde einen Eckstein im stolzen Bau des neuen Deutschland.» Er schloss seine Rede mit einem dreifachen Sieg-Heil. Dann erklang die Wacht am Rhein.

Nun ergriff der Vorsitzende des «Waffenrings», Theodor Schröder, das Wort: «65 000 im Waffenring vereinigte Kavalleristen grüßten heute den deutschen Kronprinzen sowie den Generalfeldmarschall Mackensen.» Dann erinnerte er an die Traditionen des alten deutschen Heeres und gedachte der «Kameraden, die in den abgetrennten Gebieten sehnsuchtsvoll in die Heimat schauten», sowie Albert Leo Schlageters. Dieser «deutsche Held» sei «kein Republikaner, […] kein marxistisch angehauchter Internationaler» gewesen, die «kein Verständnis für seine Tat glühender Vaterlandsliebe» aufbringen konnten. «Schlageter fiel, Deutschland stand auf!» Dafür dankte er «dem Kanzler Adolf Hitler, dem es gelang, das von ihm stets erstrebte einige deutsche Vaterland herzustellen». Und er schloss mit den Worten: «wir setzen unser Vertrauen auf unseren Kanzler Adolf Hitler.» Auf ihn passe des Dichters Wort: «wem wagender Mut in den Adern schwellt, dem gehorchet die Erde, gehört die Welt!» Nachdem Schröder seine Ansprache beendet hatte, intonierte eine Kapelle das Lied vom guten Kameraden, und im Dunkel der Nacht erstrahlte «das eherne Kreuz Albert Leo Schlageters im hellen Lichterglanz». Anschließend richtete Mackensen «kernige Worte an die alten Waffenkameraden» und prophezeite, dass das Vaterland sich nun wieder zu alter Höhe aufschwingen werde.

Nach den Eröffnungsreden wurde das Stadion «bengalisch erleuchtet; Böllerschüsse krachten», und unter den Augen des Exkronprinzen und Mackensens, die vor der riesigen Hakenkreuzfahne von den Ehrenplätzen der Tribüne die Formationen im Stadionrund grüßten, marschierten unter den Klängen des Deutschland- und Horst-Wessel-Liedes 1000 SA-Männer mit lodernden Pechfackeln in zwei langen Reihen ein und nahmen im Oval der Kampfbahn Aufstellung. Durch diese braune, feurig erleuchtete Straße wurden zwanzig alte Regimentsstandarten getragen, um vor der Tribüne Aufstellung zu nehmen. Deutlicher hätte man es kaum inszenieren können: Die alte Armee wurde von den neuen Braunhemden umschlossen, die ehemaligen kaiserlichen Soldaten unter die NS-Parteisoldaten eingereiht. Es war der Höhepunkt des Abends und wurde sein Ausklang.[22] Ein Bild, das vor Augen blieb.

3. Waffentag der deutschen Kavallerie, Düsseldorf am 2. Juli 1933. Generalfeldmarschall August von Mackensen und Exkronprinz Wilhelm von Preußen bei der Abnahme der Parade

Der folgende Sonntagmorgen begann mit einem Feldgottesdienst, ehe sich die «alten Kavalleristen», angetan in historischen Uniformen, auf den Rheinwiesen sammelten und auf ihre Parade vorbereiteten, die den «Waffentag» abschließen sollte. Um dieses Schauspiel bequem verfolgen zu können, waren vor dem Rheingarten, am Ulanendenkmal und vor allem vor den Rheinterrassen Tribünen errichtet und Plätze für die Ehrengäste geschaffen worden – gerahmt von Masten mit Hakenkreuzfahnen. Durch den Aufbau von Übertragungsgeräten für eine Rundfunkreportage und eine Galerie für die Presse wurde «für eine großzügig angelegte Berichterstattung über die Geschehnisse» ins gesamte Reich «bestens gesorgt».[23]

Hören und lesen konnte man etwa Folgendes: «Die Spannung wuchs, als es auf elf Uhr anging, aber immer noch rückten Abteilungen mit Musik und Fahnen an. Dann hörte man von der Stadtseite lautes Hurrarufen und Klatschen: der frühere Kronprinz kam in seinem Wagen und Generalfeldmarschall von Mackensen, General der Kavallerie von Posseck, der erste Generalinspekteur der Kavallerie nach dem Kriege, dann der 80jährige Reitergeneral Exzellenz v. Kühne, der ehemalige Kommandeur der 13. Kavallerie-Reservedivision, Generalleutnant Fleck, der Wehrkreiskommandeur des VI. Kreises, der ehemalige Kommandeur der Hannoverischen Kavallerieschule, General Preußer, und mit dem höheren Polizeiführer West Stieler v. Heudekamp zahlreiche Polizei-, SS- und SA-, Stahlhelm und Behördenführer.» Wilhelm wurde, seinem Auftreten gemäß, an erster Stelle genannt. In den Zeitungsberichten folgte darauf regelmäßig eine Aufzählung der am Festzug teilnehmenden ehemaligen Ulanen, Dragoner, Husaren, Schutztruppler in ihren alten bunten Uniformen sowie der SA-Reiterstandarten der NSDAP. «Unermüdlich» hoben die alten Heerführer, hob der Exkronprinz die Hand zum Gruß.[24]

«Nach dem Vorbeimarsch des Festzuges … wurden dem Kronprinzen und dem Feldmarschall nochmals stürmische Huldigungen dargebracht. Immer wieder brach die Menge in begeisterte Heilrufe aus, die sich später auch vor dem Parkhotel wiederholten, wo der Kronprinz Wohnung genommen hatte. Mehrere Male dankte der Kronprinz vom Balkon herunter der nach Tausenden zählenden begeisterten Menge. Damit hatte der Kavalleristentag sein offizielles Ende gefunden.»[25]

An diesem Verhalten, an dieser Reaktion der Bevölkerung wird zweierlei deutlich, zum einen, dass der Exkronprinz Wilhelm und der Generalfeldmarschall von Mackensen sehr bekannte und wichtige, ja vorbildhafte Persönlichkeiten des öffentlichen Lebens waren, zu denen viele Menschen aufschauten, in denen sie Leitfiguren erblickten, an welchen sich die Menschen orientierten. Zum anderen offenbaren die am Ende des Waffentages vor dem Hotel ausgebrachten Heilrufe – jene von den Nationalsozialisten etablierte Form des Grußes und der Ehrerweisung – für den Exkronprinzen und den Generalfeldmarschall die im Lauf des Waffentags stattgehabte «Vermählung» der alten Herrscher- und Militäreliten mit Hitler und dem Nationalsozialismus. Schließlich hatten der Exkronprinz und der Feldmarschall sogar den Auftritt des von Otto Gebühr dargestellten preußischen Königs Friedrich des Großen, der Symbolfigur Preußens, neben und zusammen mit den SA-Reiterstandarten im Stadion bejubelt.[26] So waren aus «Hurrarufen» und «Klatschen» für Wilhelm und Mackensen zu Beginn des «Waffentags» aufgrund beider Verhalten und Auftreten während der Veranstaltungstage in der Öffentlichkeit am Ende Heilrufe geworden! Denn beide präsentierten sich während des Waffentags nicht nur ohne Berührungsängste, sondern, wie ihr Verhalten belegt, aus Überzeugung vor, neben und unter dem Hakenkreuz und immer jovial und «kameradschaftlich» mit Vertretern der SA und SS. Der Exkronprinz trug anlässlich des zeremoniellen, manchmal sakralen Ereignisses sogar abweichend von der Norm Totenköpfe auf seinem Husaren-Uniformkragen, die für den Betrachter ganz automatisch eine Nähe zur SS-Uniform suggerierten. Wilhelm und Mackensen hatten willentlich und ganz bewusst die konservativen «alten Soldaten» dem «neuen nationalsozialistischen Staat» übergeben.

Folgerichtig, seine Einstellung kundtuend, ließ der Exkronprinz die Öffentlichkeit in einem Interview im Anschluss an den Waffentag noch wissen, dass auch er es sich nicht habe nehmen lassen, nach Abschluss der Veranstaltung «zu abendlicher Stunde noch zum Schlageter-Ehrenmal zu fahren». Das sei eine «absolute Pflicht gewesen».[27] Dort legte er, begleitet von seiner Entourage und einem SS-Führer, zwei Rosensträuße nieder. Dies bekannt zu geben, war ihm offenbar äußerst wichtig.

2

Carl Lange und «Der Kronprinz»

1921 hatte Carl Lange, Tennisspieler, Offizier, Dichter, Publizist, «Vorkämpfer des Deutschtums im Osten» und nach Ende des 2. Weltkriegs auch Träger des Bundesverdienstkreuzes 1. Klasse, über den ehemaligen Kronprinzen des Deutschen Reichs im Grunde schon alles gesagt – in seinem Buch «Der Kronprinz und sein wahres Gesicht». Mit seinen Ausführungen wollte er damals, vor dreizehn Jahren, «viele falsche Auffassungen und Gerüchte» über den Exkronprinzen Wilhelm klarstellen, weil «das wahre Bild des ehemaligen Thronfolgers ... als der Krieg dem Ende zuging, als die schweren inneren Kämpfe in Deutschland ausbrachen ... verfälscht» worden sei. Er habe geradezu «die Pflicht» in sich gefühlt, «absichtlichen und künstlichen Verzeichnungen seines Charakters entgegenzutreten». Aus «persönlichen Erlebnissen ... aus der Erinnerung und aus Tagebuchblättern», schrieb er in seinem Geleitwort, würde er «das Bild des Kronprinzen zeichnen ... als Mensch zu den verschiedensten Zeiten und in den verschiedensten Verhältnissen».[1]

Er tat dies 1921 in zwölf Kapiteln, unter den Überschriften: «Wesen des Kronprinzen», «Geselligkeit», «Angriffe und Verleumdungen», «Jugend und Sport», «Natur, Literatur und Kunst», «Liebe zu Tieren», «Treue», «Die Kronprinzessin», «Als

Soldat», «Geschichte und Politik». In seinem Schlusswort fasste er «das Bild des Kronprinzen» folgendermaßen zusammen: Wilhelm sei «ein Mensch mit sympathischen Zügen, ... ein Mensch, der seine Stellung nicht überschätzte, der die Dinge klar und offen sah, der nach dem Vollkommenen strebte und das Beste seines deutschen Vaterlandes wollte». Er, Carl Lange, vertrete die Ansicht, dass der Kronprinz – unabhängig von seiner zukünftigen Stellung – noch den Beweis dafür liefern werde, dass er ihn «mit richtigen Augen gesehen habe», und er glaube, Wilhelms «jugendlicher Geist sehn[e] sich nach Taten, und sein heißester Wunsch ist es, irgendwie am Aufbau des Deutschen Reiches mitzuarbeiten». Lange schloss mit dem Wunsch: «Möge ihm bald die Gelegenheit gegeben werden!»[2]

Mit dem Haus Hohenzollern verband den 1885 geborenen Lange «eine intensive Freundschaft». Er hatte, wie er schrieb, «jahrelang dem Kronprinzenpaar nahe[ge]stand[en]». Als hervorragender Tennisspieler, Mitbegründer des Berliner Tennis Clubs «Blau-Weiß», Träger des Kaiserpreises und zweifacher Gewinner der Meisterschaft der Deutschen in den Jahren 1902 und 1909 war er «im Rahmen der großen [Tennis]-Turniere vor dem 1. Weltkrieg ... oft und gern Doppel-Partner von Kronprinz Wilhelm» gewesen. Durch die Fürsprache des damaligen Kronprinzen kam er auch als Fahnenjunker nach Danzig, wo er im 2. westpreußischen Fußartillerie-Regiment in Neufahrwasser Dienst tat. Im Ersten Weltkrieg war er Truppenführer, Bataillonskommandeur, sowohl an der Ostfront als auch an der Westfront, veranstaltete, sehr an Literatur und Poesie interessiert und selbst schriftstellerisch tätig, Dichterlesungen, hielt Kultur- und Heimatpolitische Vorträge und veröffentlichte zu Kriegszeiten 1914/15 sogar einen Gedichtband: «Kameraden».

«Bezeichnend», so seine Kinder in ihrer Festschrift «Gedichte und Gedanken» zum 100. Geburtstag ihres Vaters, sei «auch die Freundschaft Langes zu dem Feldmarschall Mackensen», über den er zwischen 1935 und 1937 drei Bücher verfasst hatte. 1920 nahm Carl Lange seinen Abschied aus der Armee, ging nach Oliva bei Danzig und begründete dort die Zeitschrift «Ostdeutsche Monatshefte – für Kunst und Geistesleben zur Pflege ostdeutscher Kultur».[3]

Für die «Ostdeutschen Monatshefte», herausgegeben von 1920 bis 1939 und, nach einer Unterbrechung, von 1955 bis 1959, sein «eigentliches Lebenswerk», wie es in der Festschrift seiner Kinder heißt, ist Carl Lange viel gelobt und gepriesen worden, von seiner Familie – natürlich –, aber auch von Heinz Radke von der Arbeitsgemeinschaft für ost- und westpreußische Landeskunde in der Neuen Deutschen Biographie. «Besondere Bedeutung», schrieb Radke, «erlangte er seit 1919 durch die Herausgabe der *Ostdeutschen Monatshefte*». Auch ein namentlich nicht in Erscheinung tretender Freund oder Bekannter – «eigene Erinnerungen an die Gespräche mit C. L.» zitierte der Namenlose – lobte die Monatshefte und Lange auf den Internetseiten der Kulturstiftung der deutschen Vertriebenen. Lange habe viele bedeutende Wissenschaftler und Schriftsteller zu Wort kommen lassen und jungen Talenten die ersten Schritte ermöglicht. Und tatsächlich schrieben in den «Monatsheften» Autoren unterschiedlicher politischer Einstellung, darunter etwa Werner Bergengruen, Hans Friedrich Blunck, Lovis Corinth, Hans Franck, Max Halbe, Carl und Gerhart Hauptmann, Käthe Kollwitz, Agnes Miegel, Walter von Molo. Ende 1958 erhielt Lange für seine Leistungen das Bundesverdienstkreuz 1. Klasse. Dass die «Monatshefte» 1939 ihr Erscheinen einstellen mussten, habe daran gelegen, dass Lange sich geweigert habe, «sie in den Dienst des NS-Schrifttums zu stellen». Er sei «während des Dritten Reichs … wegen seiner national-konservativen Haltung zwangsläufig in Konflikt mit den damaligen Machthabern» geraten.[4]

Wirklich? Zwangsläufig? Betrachtet man seine Unterschrift unter das «Gelöbnis treuester Gefolgschaft» für Adolf Hitler sowie eine weitere Schriftenreihe, die Carl Lange herausgegeben hat, scheinen die Fragezeichen angebracht. Diese zweite Reihe, eine Buchreihe in «zwangloser Folge», wird in den Lebensbeschreibungen Langes in der NDB und auf den Seiten der Kulturstiftung der deutschen Vertriebenen zwar erwähnt, einzelne Titel der Reihe werden sogar genannt, aber was sich hinter Reihe und Bänden verbarg, nicht näher betrachtet und gar nicht vorgestellt. Bei dieser Buchreihe handelte es sich um die «Schlieffen-Bücherei: Geist von Potsdam», die, herausgegeben von «Carl Lange und Ernst Adolf Dreyer in Gemeinschaft mit Graf Wilhelm von Schlieffen», seit 1934 *peu à peu* im Berliner Schlieffen-Verlag erschien. Es war, anders lässt es sich nicht ausdrücken, eine Propaganda-Reihe für das «neue Deutschland», die sich der «Eingliederung der Kultur und der Kulturträger» – in der Reihe erschienen «Lebensbilder großer deutscher Menschen» und Beiträge zu «Politik, Kunst und Literatur» – «in das Schicksal und die Willensbewegung des *Neuen Reiches*» verschrieben hatte.[5]

Die Frage «Warum ‹Geist von Potsdam›?» wurde in den ersten Bänden der Reihe am Ende auf einer separaten Seite beantwortet: «Deutsche Aufbauarbeit zu leisten, ist der Zweck dieser Buchreihe», hieß es in dieser Erläuterung, und weiter: «Den Sinn der Zeit zu erfassen und unter dem Symbol des ‹Neuen

Potsdam› die erstmalig gelungene Synthese von Wirklichkeit und Geist, von Potsdam und Alt-Weimar in der Einheit des Reiches zu ergründen, zu deuten, haben die Herausgeber sich zum Ziel gesetzt.» Über die Rolle Carl Langes war dort zu lesen: «Der Name Carl Langes, des mutigen Vorkämpfers für das Deutschtum im Osten in seinen Ostdeutschen Monatsheften, dem Preußen-Kalender und zahlreichen anderen Veröffentlichungen, bürgt für zielbewußte Durchführung dieses Planes im Sinne unseres Führers Adolf Hitler.»[6] Hitler und Goebbels schrieben in der Reihe.[7] Ganz unlieb war Lange den Nationalsozialisten demzufolge wohl doch nicht.

Die einzelnen Bände der «Schlieffen-Bücherei: Geist von Potsdam» kommen, wohl ob ihrer Ausrichtung, in den Bibliotheken nicht häufig vor oder sind sogar manchmal gesperrt, wie etwa Band 5 der Reihe, Carl Langes «Das leuchtende Schlachtenrelief von Tannenberg mit einem Geleitwort des Generalfeldmarschalls von Mackensen», in der Staatsbibliothek zu Berlin. Auch auf dem Antiquariatsmarkt sind sie rar. Wilhelm von Schramms «Neubau des deutschen Theaters. Ergebnisse und Forderungen», Band 4, ist am Markt selten, in einem Dutzend Bibliotheken aber einzusehen. Band 6, «Kampfflieger Rudolf Berthold. Sieger in 44 Luftschlachten. Erschlagen im Bruderkampf für Deutschlands Freiheit – Ein Buch der Sühne» über den Freikorpsführer und Putschisten gegen die Weimarer Republik von Ludwig Frank Gengler mit einem Geleitwort von Hermann Göring, lässt sich leichter finden. Göring schrieb darin über Berthold, gerichtet an die deutschen «Jungmannen»: «Sein Kriegsruhm kündet für alle Zeiten deutschen Sieg über feindliche Übermacht und das hohe Liede äußerster Pflichterfüllung trotz Blut und Wunden. Sein Opfertod unter den

Fäusten und Messern vertierter Rotmordbanden bleibt eine ewige Schande für ein System, das dem Verbrechen feigen Untermenschentums frei Bahn gab und erst vom Freiheitssturm der Volksbewegung Adolf Hitlers hinweggefegt wurde.»[8] Relativ zahlreich in Bibliotheken vorhanden ist auch Band 7, «Deutsche Kultur im Neuen Reich. Wesen, Aufgabe und Ziele der Reichskulturkammer», herausgegeben von Ernst Adolf Dreyer, ebenso Langes «Generalfeldmarschall Mackensen, ein Bild seines Lebens», Band 10 der Reihe.[9] Etwas weniger zahlreich, aber doch in fast jedem deutschen Bundesland erhältlich, ist Carl Langes «Der Kronprinz», Band 3 der «Schlieffen-Bibliothek: Geist von Potsdam».[10]

Der Band über den Exkronprinzen des Deutschen Kaiserreichs erschien laut Angabe im Buch 1934, vielleicht sogar schon Ende 1933. Carl Lange veröffentlichte seine Ehrenrettung des ehemaligen Thronfolgers zu dieser Zeit ein zweites Mal. Warum? Folgt man Vorschau und Werbung für das Buch, die in dem Bändchen Siegfried von der Trencks, «Volk und Führer. Deutsche Sonette», Band 1 der «Geist von Potsdam»-Reihe, abgedruckt sind, war Lange die erneute und erweiterte Publikation nunmehr wichtig, um «die oft gestellte Frage nach der Einstellung [des Exkronprinzen] zu Regierung und NSDAP … ausführlich» zu beantworten.[11] Das Buch sollte den Anteil, den Wilhelm am «neuen Staat» nahm und den er sowohl während dessen Staatswerdung als auch bei seiner Verteidigung gegenüber Kritik aus dem In- und Ausland hatte, bestimmen. Es sollte zeigen, wie Wilhelm sich für den «neuen Staat» einsetzte.

Für diese Arbeit stützte Lange sich auf seine Tagebuchblätter, Erinnerungen, auf seine Begegnungen mit Wilhelm, auf Briefe des Exkronprinzen sowie auf Bücher über den Kaisersohn. Dass

Lange sein Werk mit Wohlwollen Wilhelms unternahm, bezeugt die Verbindung beider Männer, wie sie in den Widmungen und Eintragungen in den Büchern des Exkronprinzen, die heute in der Bibliothek im Schloss Cecilienhof in Potsdam bewahrt werden, offenbar wird. Widmungen Langes an Wilhelm finden sich in dem von ihm und Ernst Adolf Dreyer herausgegebenen Band «Deutscher Geist 1935» aus dem Jahr 1934 sowie in Langes «Generalfeldmarschall von Mackensen» von 1935. Langes Neuausgabe von «Der Kronprinz», die bei Aufnahme des Bibliothek-Inventars von Schloss Cecilienhof im Jahr 2005 noch zweimal vorhanden war, ist heute nur noch einmal zu finden – ohne Widmung![12] Das mit Sicherheit vorhandene Widmungsexemplar ist verschwunden.

Die Kapitelüberschriften seines ersten «Kronprinzen»-Buches von 1921 behielt Lange für sein zweites Werk von 1934 überwiegend bei. Allerdings ließ er das kurze und für Wilhelms Haltung zum «neuen Deutschland» wenig brauchbare Kapitel «Liebe zu Tieren» 1934 ebenso entfallen wie das «Schlußwort». An dessen Stelle trat, im Sinn von Langes Absicht, «eine fesselnde Darstellung des kronprinzlichen Lebens und seiner Einstellung zur heutigen Zeit [zu geben], die das Interesse jedes Deutschen erwecken muß», das neue Kapitel «Die Gegenwart».[13] Dieses Kapitel entsprach dem Zweck, die bedeutende Rolle Wilhelms im «neuen Staat» herauszuheben, viel besser.

Schon zu Beginn wird in dem neu bearbeiteten und verlängerten Geleitwort von 1921 deutlich, wie wichtig es Lange war, das Wirken des Exkronprinzen im «neuen Reich» und für das «neue Reich», das Wilhelm, wie der Leser aus Langes Quellen erfährt, immer herbeigesehnt hatte, herauszustellen und deutlich zu pointieren. Ein neues Deutschland sei erwacht, die

Sehnsucht nach einem starken Führer, unter dessen Leitung das Volk sich eint, habe sich am 30. Januar 1933 erfüllt. Seither aber werde das «neue Reich» von Neidern im In- und Ausland angegriffen, seither aber auch, so Lange, trat Wilhelm als Fürsprecher des Führerstaats auf und tat «seine Verteidigung unserer nationalen Revolution und seine Einstellung zum neuen Staat … in vielen Veröffentlichungen» kund.[14] Dass Wilhelm jemals zugesagt habe, sich nach seiner Rückkehr nach Deutschland politisch nicht zu betätigen, bestreitet Lange. Major Müldner von Mülnheim, der Chef der Hofverwaltung, habe «mit aller Bestimmtheit festgelegt, dass der Kronprinz niemals eine Verpflichtung eingegangen sei».[15] Langes Botschaft kam an, wie man in dem Blatt «Der deutsche Polizeibeamte» lesen konnte: «Sein [des Exkronprinzen] Bekenntnis zum neuen Deutschland entspricht seiner Gesamteinstellung.»[16]

Besonders Exkronprinz Wilhelms Verteidigung Deutschlands gegenüber der auswärtigen, vor allem der amerikanischen Presse, betonte Lange in seinem Buch immer wieder und unterstrich die bedeutende Botschafter-Rolle Wilhelms für den neuen Staat, die dieser aufgrund seiner Person und seines Ansehens in der Welt als ehemaliger Thronfolger des Deutschen Reichs ausfüllte. Die Nationen der Welt, paraphrasierte er zunächst den Exkronprinzen, fürchteten Deutschlands Wiederaufstieg und, dass Deutschland «unter der weitsichtigen und energischen Führung des Volkskanzlers Adolf Hitler» seine Weltmachtstellung wiedergewinne. Anschließend ließ er Wilhelm bis ans Ende seines Geleitworts selbst zu Wort kommen: «Ich kann mit voller Überzeugung feststellen», so zitierte er den Exkronprinzen, «daß die Weltgeschichte wohl keine andere Revolution zu nennen weiß, die so frei von Ungesetzlichkeiten und Bluttaten durchgeführt worden ist. Diese Tatsache kann auch dadurch nicht aus der Welt geschafft werden, daß eine feindlich eingestellte Presse noch fast täglich Greulmeldungen» – Wilhelm stützte durch die Verwendung dieses Ausdrucks die Goebbelssche Propaganda – «in die Welt hinaussendet. Wenn jemals eine Revolution ihre moralische Begründung in der Fairneß ihrer Durchführung beanspruchen kann, so ist es die deutsche. Zwei Männer sind hierfür verantwortlich: der Reichspräsident v. Hindenburg und der Reichskanzler Hitler. Sie haben eine Tat vollbracht, für die ihnen jeder Deutsche ewige Dankbarkeit schuldet. Die Zeit wird kommen, wo die Welt Hitler danken wird, daß er nicht allein Deutschland vor dem Bolschewismus gerettet hat, sondern die gesamte Zivilisation.»[17] Mit den brutalen, mörderischen Maßnahmen gegen Regimekritiker, die es 1933 zuhauf gegeben hatte, die öffentlich bekannt waren und von den Nationalsozialisten keineswegs bestritten wurden, war Wilhelm offensichtlich einverstanden.

Und aus der Londoner «Sunday Dispatch» Ende Juli 1933 zitierte Lange den Exkronprinzen: «Deutschland – ich spreche auf Grund persönlicher Beobachtungen und Eindrücke – hat das Glück, am Steuer seiner Regierung in Adolf Hitler eine Persönlichkeit vom Format Mussolinis zu haben. Vierzehn Jahre rang Hitler um die Seele Deutschlands, indem er seine ganze volle und geistige, moralische und körperliche Kraft einsetzte. Hitlers Leistungen sind meiner Meinung nach eine absolute Garantie, daß er trotz der großen Schwierigkeiten, die ihm im Wege stehen, daß große Ziel erreichen wird, das er sich als Staatsmann gesetzt hat. Hitlers kühner und erbarmungsloser Kampf gegen den Marxismus hat Deutschland mehr als irgend etwas anderes vom Marxismus gerettet. Wenn das Gespenst der roten Gefahr jetzt gebannt ist, dann ist diese Tatsache von der größten Wichtigkeit und Bedeutung für Europa, für Amerika und für die ganze zivilisierte Welt. Unter diesen Umständen scheint es mir um so bedauerlicher, daß sogar heute noch weite Kreise der englischen Öffentlichkeit eine vollkommen falsche Auffassung von Adolf Hitler, seiner Persönlichkeit, seinen Leistungen und Zielen haben.» Wilhelm trat, das macht Lange deutlich, sehr bewusst und auf große Öffentlichkeit bedacht für das «neue Deutschland», für den «nationalsozialistischen Staat» ein.[18]

Gegenüber der «Associated Preß», führte Lange weiter aus, habe Wilhelm bereits am 5. Mai 1932 die «entsetzliche materielle und seelische Not» seines Volkes angeklagt, die eine Folge des «Diktat[s] von Versailles» sei, «das, aufgebaut auf der Lüge von der deutschen Kriegsschuld, uns ungeheuerliche Demütigungen aufzwang und untragbare Lasten auferlegte». Auf diese Weise habe er an vorderster Front sein «für Volk und Vaterland heiß schlagendes Herz» offenbart.[19] Um die Fesseln von Versailles loszuwerden, stehe der Exkronprinz mit den Jugend- und Wehrbünden «in enger Fühlung. Er hatte für sie stets eine hilfsbereite Hand».[20] Die SA, bei deren Treffen Wilhelm sich gerne zeigte, gerne zusammen mit dem Stabschef der SA Ernst Röhm, hat Lange in diesem Zusammenhang nicht eigens ausgeschlossen.

In der Tat galt Wilhelms Sorge zunächst dem «Stahlhelm», für dessen Integrierung in den «neuen Staat, in die ‹S. A.›» Wilhelm allerdings rege wirke. Ausführlich zitierte Lange aus einem Brief des Exkronprinzen, Schloss Oels, 24. Juni 1933, an den Landesführer des Stahlhelms in Schlesien: «Ich begrüße es freudigen Herzens, daß es endlich» – schon 1932 hatte Wilhelm

Der Exkronprinz beim Treffen der schlesischen SA in Breslau Anfang Oktober 1933

im Widerspruch zum Stahlhelm-Bund, der in der Stichwahl zum Reichspräsidenten hinter Hindenburg stand, zur Wahl Hitlers aufgerufen – «gelungen ist, die Grundlage für den engen Zusammenschluß und für die Einheitsfront der im Nationalsozialismus und im Stahlhelm vorhandenen nationalen Kräfte zu schaffen. Ich sehe darin nicht nur eine Bürgschaft für die Sicherung der bisherigen Erfolge, sondern vor allem auch den Beweis für die Erkenntnis und den Willen der Führer, daß zur glücklichen Lösung der vor uns liegenden gewaltig schweren Aufgaben der Nationalsozialismus der kraftvollen aktiven Mithilfe des Stahlhelm auf dem Boden voller Gleichwertigkeit bedarf.» Es gelte, «dem großen vaterländisch-völkischen Gedanken zu nützen». Und aus einer öffentlichen Rede Wilhelms aus dem Herbst 1933 hob Lange im Anschluss noch dessen Worte hervor, der Stahlhelm gehöre zu den «festesten Stützen, auf denen die Sicherheit und der Bestand des neu gegründeten nationalsozialistischen Staatsgebäudes ruht».[21]

«Die Not der Zeit», fasste Lange die «geäußerten Anschauungen» des Exkronprinzen zusammen, «schuf unter Führung des Volkskanzlers Adolf Hitler den engen Zusammenschluß aller Deutschen.» Und er unterstrich diese Ansicht und Einstellung Wilhelms im Folgenden durch den Abdruck der Worte Wilhelms zum 86. Geburtstag Hindenburgs am 2. Oktober 1933, dem ersten im «neuen deutschen Reich»: Hindenburg, so der Exkronprinz, «der unter drei Kaisern diente und sein Leben einsetzte für des Reiches Einheit, des Reiches Bestand und des Reiches Freiheit, hat, als er Adolf Hitler zum Kanzler des Reiches berief, den Weg gebahnt, der für den Wiederaufstieg des Vaterlandes der allein gegebene war.»[22] Indem Wilhelm in Adolf Hitler den einzigen Weg zum «Wiederaufstieg» Deutschlands erkennt und preist, bekannte er sich, wird man hier feststellen dürfen, offensichtlich auch gleich zu den Nationalsozialisten, «zu einer heroischen Lehre der Wertung des Blutes, der Rasse und der Persönlichkeit sowie der ewigen Auslesegesetze», wie Hitler kurz zuvor, am 1. September 1933, in einer in der Presse weithin verbreiteten Rede richtungweisend formuliert hatte. Wilhelm trat, es lässt sich nicht anders interpretieren, «somit bewußt in unüberbrückbare Gegensätze zur Weltanschauung der pazifistisch-internationalen Demokratie und ihren Auswirkungen» und für die Ideen des Nationalsozialismus ein.[23]

Schon im Geleitwort, schrieb Lange, als es im letzten Kapitel um «Die Gegenwart» ging, habe er die Stellung des Exkronprinzen zum «neuen Deutschland» und «seine Verehrung für den Reichspräsidenten und den Kanzler des Volkes Adolf Hitler» betont. Hier, am Schluss des Buches, gebe er nun wörtlich Wilhelms «Bekenntnis zur Gegenwart» wieder, so wie der Exkronprinz es für ihn in dem von ihm herausgegebenen «vaterländischen Almanach ‹Friedrich der Große›» formuliert habe: «Das Jahr 1933», schrieb Wilhelm darin, werde «in der Geschichte des Deutschen Volkes immer als ein besonders denkwürdiger Wendepunkt gelten, als erster Markstein auf dem Wege des Wiederaufstiegs aus tiefem Sturz, aus Not und Knechtschaft, zu neuem Ansehen, neuer Kraft, neuer Freiheit. Es ist das geschichtliche Verdienst Adolf Hitlers, daß er in der Zeit der Schmach und Erniedrigung die sittlichen Kräfte unseres Volkes trotz aller Bedrückungen und Verfolgungen lebendig erhalten, gesammelt, gestärkt, in der nationalen Revolution zu siegreichem Durchbruch gebracht und zu einer festen Einheit zusammengeschweißt hat. … Da ist es heilige Pflicht aller national empfindenden Deutschen, ohne Unterschied des Standes, Berufes, der Konfession, unseren Führer in diesem heißen Ringen mit Einsatz aller Kraft des Geistes, der Seele und des Körpers opferfreudig und glaubensstark zu unterstützen, als unerschütterlich treue Gefolgsmannen weiter zu kämpfen, bis das Endziel erreicht und gesichert ist: ein großes, freies glückliches Deutschland.»[24] Mehr und stärker konnte man mit Worten, ohne der Partei zuzugehören, nicht für den «neuen Staat» eintreten und werben.

«Das Bekenntnis des Kronprinzen zum neuen Deutschland», betonte Lange denn auch am Ende seines Buches noch einmal, entspreche seiner Gesamteinstellung: «In den Zeitungen und

Zeitschriften dieses Jahres [1933] sehen wir ihn mit Generalfeldmarschall v. Mackensen und General von Seeckt unter den Ehrengästen am Tag von Potsdam, nach der Feier mit dem Reichskanzler Hitler. Das kürzlich erschienene Buch über die ‹Nationale Revolution in Deutschland› als Gedenkbuch mit Bildern zeigt den Kronprinzen mit dem Ministerpräsidenten General Göring und bei der Eröffnungssitzung des Reichstages am 21. März 1933 in der Krolloper. Eine andere, bekannt gewordene Aufnahme führt uns auf die Kurhausterrasse in Heiligendamm ‹Dr. Goebbels im Gespräch mit dem Kronprinzen›. Auch am Kavallerietag in Düsseldorf, der Führertagung des Stahlhelms in Hannover und unlängst am großen Aufmarsch der schlesischen S. A. in Breslau, nahm der Kronprinz als Ehrengast teil und wurde überall von der Bevölkerung herzlich und begeistert begrüßt.[25] Mit Stabschef Röhm und Minister Seldte schritt der Kronprinz an dem historischen Tag von Hannover, da der Stahlhelm sich den nationalsozialistischen Formationen eingliederte, die Tribüne der Ehrengäste ab.»[26] Und er grüßte dort mit erhobener, ausgestreckter Hand den «Führer» auf der Ehrentribüne.

Mit seinem Buch «Der Kronprinz» von 1934 offenbarte Lange, wie Wilhelm sich im «neuen Reich» gab und handelte. Darüber hinaus ist es aufgrund von Langes guter Bekanntschaft mit dem Exkronprinzen eine wertvolle Quelle dafür, wie dieser sein Sagen und Tun verstanden und bewertet wissen wollte. So jedenfalls nahm es die Tagespresse in ihren Besprechungen von Langes Buch wahr: «Eine fesselnde Darstellung des tragischen Lebensweges, in welcher u. a. die Entwicklung des Kronprinzen *zur vollen Bejahung des nationalsozialistischen Staates* und sein mannhaftes Eintreten für diesen in der Auslandspresse gezeigt

Der Exkronprinz mit dem Stabschef der SA Ernst Röhm und dem Reichsarbeitsminister und Bundesführer des Stahlhelm Franz Seldte beim Stahlhelmtag in Hannover, bei dem der Stahlhelm der SA unterstellt wurde, 23., 24. September 1933.

wird», wie überhaupt «seine positive Haltung zum neuen Deutschland Adolf Hitlers», hieß es etwa in der liberalen «Deutschen Tageszeitung». Und in der konservativen «Deutschen Allgemeinen Zeitung» konnte man lesen: «Schließlich kommt die zustimmende Stellung des Kronprinzen zum Gegenwartsstaate zum Ausdruck. Sein Zusammensein mit Männern dieser Zeit, vor allem mit Hitler, aber auch Göring, Goebbels, Röhm, Seldte usw. wird hervorgehoben.»[27]

Zu guter Letzt, darf man feststellen, ist tatsächlich die Werbung aus den Jahren 1934 und folgenden für das Werk Langes wieder aktuell: Der Text und die ihn stützenden und illustrierenden Fotographien machen «das inhaltsreiche Buch zu einem bedeutenden Dokument der Gegenwart».[28]

Dass Langes Leistungen im «neuen Reich» als Autor und Herausgeber der Reihe «Geist von Potsdam» vergessen wurden, sie in keiner biographischen Skizze nach 1945 eine Rolle spielten, ist erstaunlich. Doch trifft dies – und das ist ebenso erstaunlich – ja weitgehend auch auf die Leistungen des Exkronprinzen zur Herbeiführung des «neuen Reiches» und sein Wirken im «neuen Deutschland» zugunsten des nationalsozialistischen Regimes zu. Beides wird erst seit etwa zehn Jahren gründlich erforscht. Leistung und Wirken Wilhelms in ihrer Gesamtheit zu erkennen und zu bewerten, ist für die Geschichte Preußens, Deutschlands und der Hohenzollern richtig – und für die Gegenwart notwendig.

3

Die «Langemarck-Denkmalweihe» in Naumburg 1933, Franz Seldte und der Kronprinz

Bei dem kleinen Ort Langemarck in Flandern, Belgien, kletterten, einem Befehl folgend, am frühen Morgen des 10. November 1914 tausende Soldaten der 6. Reservedivision des deutschen XXVII. Reservekorps aus den Gräben, die das Schlachtfeld durchzogen, und stürmten mit Gewehr samt aufgepflanztem Bajonett gegen den Feind. Belgier, Franzosen und Briten wehrten diesen in der Weise, wie er vorgetragenen wurde, sinnlosen, dummen Angriff ohne Mühe ab; sie mähten mit ihren Maschinengewehren die anrennenden Deutschen aus ihrer erhöht liegenden Stellung einfach nieder. 2059 deutsche Soldaten fielen an diesem Tag. Die deutsche Oberste Heeresleitung jedoch vermeldete einen zwar teuer bezahlten, aber heldenhaften Erfolg «junger Regimenter». Dieser «Sieg» sollte schon unmittelbar darauf politisch überhöht und mythisiert werden.

Heute ist die «Schlacht bei Langemarck» nahezu vergessen. Zu Unrecht, denn «Langemarck» spielte in der deutschen Geschichte nach dem Ersten Weltkrieg eine bedeutende Rolle. «Langemarck», dieses Wort und das mit ihm verknüpfte Bild stehen für den «Mythos der heroischen Jugend», für eine Gene-

Langemarck-Denkmal auf der Waldschlosswiese des Bürgergartens in Naumburg an der Saale

ration, die in ihrer Anschauung, ihrer Einbildungskraft, während des Ersten Weltkrieges nicht um die deutsche Hegemonie in Europa kämpfte, sondern «um die nackte Existenz, um das Überleben der deutschen Kultur gegen eine tödliche Bedrohung aus dem Westen wie aus dem Osten».[1]

«Westlich von Langemarck brachen junge Regimenter unter dem Gesänge ‹Deutschland, Deutschland über alles› gegen die erste Linie der feindlichen Stellungen vor und nahmen sie ... Der Tag von Langemarck wird alle Zeiten ein Ehrentag der deutschen Jugend bleiben. ... Wohl fielen an ihm ganze Garben von der Blüte unserer Jugend ...; aber den Schmerz um die tapferen Toten überstrahlt doch der Stolz darauf, wie sie zu kämpfen und sterben verstanden», hieß es in einem die Tatsachen bewusst und mit Absicht verklärenden, ja verfälschenden Kommuniqué der Obersten Heeresleitung (OHL) der deutschen Armee vom 11. November 1914, das die meisten Tageszeitungen im Reich übernahmen und auf der ersten Seite abdruckten. «Jung» und «Jugend», zwei von den Verantwortlichen der OHL bewusst gewählte Worte, wurden in der Rezeption der Öffentlichkeit daraufhin alsbald mit «Student» und «Gymnasiast» verbunden. Nach dem verlorenen Krieg 1918 heroisierte man den «Opfergang der Jugend» quasi als Ersatzhandlung für den nicht errungenen Sieg im Weltkrieg. Auf diese Weise ließ sich dem öffentlich nicht zu verheimlichenden massenhaften Sterben und dem Debakel, ohne beides deutlich benennen zu müssen, etwas Positives abgewinnen, das ideologisch von Nutzen war. «Langemarck» wurde jetzt jährlich gefeiert, besonders bedeutsam 1919, 1924, 1929 und 1932.[2]

Nach dem verlorenen Weltkrieg, dem als Diktat empfundenen Versailler Frieden und der Gründung der Weimarer Republik verbanden sich «Langemarck» und seine Mythisierung, beschworen und gefördert von den Feinden der neuen Republik und der Demokratie, im kollektiven Bewusstsein der deutschen Öffentlichkeit «zunehmend mit Vorstellungen von deutscher Ehre und Würde, nationaler Stärke und Einigkeit und vor allem deutscher Jugend stilisiert als das Versprechen einer großen Zukunft der Nation». «Langemarck», schreibt Bernd Hüppauf in seiner wichtigen, breit angelegten Studie zu Schlachtenmythen und der Konstruktion des «Neuen Menschen», avancierte zum herausragenden Symbol nationaler Einigkeit: «Das Opfer des Lebens, der Nation von ihrer Jugend unter Gesang dargebracht, wurde als ein metaphysisches Band interpretiert, dessen Macht alle politischen, sozialen und militärischen Kräfte übertraf.»[3] «Langemarcks» Vermächtnis bedeutete all seinen Apologeten ein neues, verjüngtes, heroisches Deutschland. 1938 schließlich behauptete gar der Arbeitsausschuss Langemarck beim Jugendführer des Deutschen Reiches: «Aus den jungen Regimentern, die westlich von Langemarck im Kugelregen zusammengeschossen wurden, entstand die geeinte deutsche Nation.»[4]

An der Etablierung und Verbreitung dieses «antirepublikanischen und elitären Mythos» (Hüppauf) hatten die antidemokratischen Vereinigungen, «nationale Verbände» und Parteien, allen voran der «Stahlhelm, Bund der Frontsoldaten», DNVP und NSDAP, aber auch Teile der Studentenschaft – seit 1928 gab es jährlich Langemarck-Feiern an den Universitäten – maßgeblichen Anteil. «Langemarck» und sein Mythos war ihnen verbindende Gemeinsamkeit, Überschneidungs- und Anknüpfungspunkt: «Die Berufung auf den Geist der Opferbereitschaft und den Kampfgeist der jungen Männer von Langemarck wirkte wie ein Bindemittel, das die Sprünge in den militanten und nationalsozialistischen Bewegungen ausfüllte, da das mit Hingabe gepflegte Bild der jungen und im Gesang vereinigt sterbenden Helden keine Widersprüche kannte.»[5]

1928 beschloss die «Deutsche Studentenschaft», der Zusammenschluss der Allgemeinen Studentenausschüsse der deutschen Hochschulen, den in der Nähe von Langemarck gelegenen «Deutschen Soldatenfriedhof Nr. 123» zu einem für das Gedenken der dort 1914 Gefallenen würdigen Ort umzugestalten. Aus Paris von einem internationalen Studententreffen zurückreisenden Vertretern der Studentenschaft war bei einem Besuch der Schlachtfelder Flanderns aufgefallen, dass die belgischen, britischen und französischen Grabstätten in der Umgebung Langemarcks vorbildlich gepflegt wurden, die deutschen Gräber jedoch verwahrlosten. Dem Votum zur Umgestaltung des Friedhofs folgte der Beschluss, eine «Langemarck-Stiftung» zu gründen sowie zudem eine «Langemarck-Spende» zu initiieren. Über das Spendenaufkommen hinaus wurden weitere Finanzmittel gesammelt, so dass 1930 der Grundstein für die Neugestaltung des Gräberfeldes zum Gedenkort mitsamt Denkmal gelegt werden konnte. 1932 waren die Arbeiten abgeschlossen und 10 500 Soldaten umgebettet; am 10. Juli 1932 wurde der Friedhof feierlich geweiht.

Die Mehrheit innerhalb der «Deutschen Studentenschaft», darunter der rund 3000 Mitglieder zählende «Stahlhelm-Studentenring Langemarck», eine von etwa 57 Hochschulgruppen, wollte zur Eröffnung dieses «Wallfahrtsorts» und «ewigen Friedhofs der deutschen Studenten», wie es hieß, nur eine «einfache und stille Feier»; nicht so der «NS-Studentenbund», der die Einweihung als eine «machtvolle politische Demonstration» zu inszenieren verlangte.[6] Allerdings stimmten Studentenschaft, vor allem aber der «Stahlhelm-Studentenring Langemarck» und der «NS-Studentenbund» in der grundlegenden, kämpferischen Auffassung überein, «rechts von der herrschenden Mitte» die «dritte Front im Aufmarsch [zu erkennen und zu fördern], die nationale Opposition, die Front Seldte-Hitler-Hugenberg, bereit und willens, das [angeblich, JL] heraufziehende Chaos zu bändigen und in Deutschland auf allen Gebieten des Lebens eine neue Ordnung aufzurichten, die Herrschaft des Dritten Reichs», wie der Publizist und DNVP-Politiker Eduard Stadtler für den Studentenring im «Stahlhelm-Student» Nummer 3, 1931/32 schrieb.[7] Der Sache nach waren der «Stahlhelm-Studentenring Langemarck» und der «NS-Studentenbund» also eng einander verbunden. Sie unterschieden sich in ihrer Auffassung nur darin, dass der «NS-Studentenbund» einzig Hitler folgte, nicht aber Seldte und Hugenberg, während der «Studentenring» alle drei gelten ließ.

Bei der Weihe der «Gedächtnisstätte» konnte der «NS-Studentenbund» seine Vorstellungen zwar nicht durchsetzen, doch gelang es, im Rahmen der Eröffnungszeremonie den «prominenten Nazi-Autor Josef M.[agnus] Wehner»,[8] der der NSDAP 1932 sehr nahe stand, ihr aber erst 1933 beitrat, dort öffentlich auftreten, lesen und die von den Nationalsozialisten gewünschte und geförderte, den nächsten Krieg vorbereitende Ideologie des «Heldentods für das Reich» verbreiten zu lassen:

«In dieser Stunde übernehmt ihr, deutsche Studenten, die Totenwache an den namenlosen Särgen deutscher Jünglinge des großen Krieges. Euer Leben wallt opfernd zu den Toten hinab, und das verwandelte Leben der schönen Helden quillt leuchtend herauf und vermählt sich mit dem euren, Gestalt um Gestalt und Hand in Hand und Glaube um Glaube und Ehre um Ehre und Treue bis in den Tod. … Söhne seid ihr von Stund an des heiligen deutschen Reiches, für das eure Brüder im Anfang des großen Krieges fielen, um verklärt und Gestalt zu werden. … Singend starben die von Langemarck. … Sie hatten nicht den äußeren Sieg, aber sie haben die Innerlichkeit des Reiches, seine Seelenfülle und Gemütskraft offenbart. Zum ersten Male tönt in ihrem Liede das andere, das ewig junge Deutschland auf, das Jahrzehnt um Jahrzehnt gegen den Geist des Alters und des Stoffes, der Angst und des Verstandes kämpft. … Das Lied starb nicht mit denen von Langemarck. … ja, es hat den Tod überwunden, das Lied, und das Reich ist uns in seinem Namen, dem Namen ‹Deutschland› geblieben. … Die heilige Unruhe des früh vergossenen Blutes treibt auch uns, die Lebenden, an, das Reich zu vollenden.»[9]

Noch im selben Jahr gedruckt, wurde Wehners Rede in den Jahren 1933, 1935, 1937 und 1943 erneut aufgelegt. In der Idee, dass «die Ehrenwache jeden Deutschen repräsentiere, der im Geist von Langemarck sein Leben gegeben habe, ohne Ansehen von Herkommen, Bildung und Rang», in der Behauptung, dass damals «die Soldaten mit einer Vision des kommenden Reichs gestorben seien»,[10] sowie in der Auffassung, dass eine «Front» oder ein Führer ein neues Reich schaffen müsse, stimmten, wie die Weihefeierlichkeiten erwiesen, der «Stahlhelm-Studentenring Langemarck» und der «NS-Studentenbund» überein.

Noch 1932, während der in Naumburg abgehaltenen 3. Reichsführertagung des «Stahlhelm-Studentenrings Langemarck» beschlossen Vertreter des Studentenrings und des «Stahlhelms, Bund der Frontsoldaten» auch in Deutschland der zu Beginn des Ersten Weltkriegs bei Langemarck im November 1914 gefallenen akademischen Jugend des Bürgertums wie überhaupt der im Weltkrieg gefallenen Jugend ein größeres Denkmal zu setzen.[11] Es sollte, sah man ab von dem schon 1924 in der Rhön durch bündische Jugendliche und Burschenschaften enthüllten Gedenksteins mit Kreuz, das zentrale Ehrenmal in Deutschland werden und Ausdruck der «nationalen Gesinnung» und des «Geist[s] der Wehrhaftigkeit» sein.[12] Errichtet werden sollte es in Naumburg an der Saale.

Anfang August 1933 begannen Stahlhelm-Studenten im Naumburger Bürgergarten, in einer halbkreisförmigen Nische der Waldschlosswiese an dem Denkmal zu arbeiten. Sie fällten Bäume und beschnitten Sträucher, planierten neue Zuwege und mauerten und gossen unter Anleitung Naumburger Handwerker einen 5 mal 5 Meter oder 8 mal 6 Meter breiten und tiefen, 3 oder 2 Meter hohen Betonklotz (die Angaben variieren), der einem Maschinengewehrbunker des Krieges an der Westfront nachempfunden war. An der Frontseite des «Bunkers» war über die gesamte Breite die Aufschrift «Langemarck» angebracht, kurz über dem Boden eine Schießscharte angedeutet. An den «Bunkerseiten» standen zwei 5,5 Meter hohe, 1,35 Meter breite Eichenholzkreuze. Um den «Bunker» herum war eine 30 Zentimeter hohe Grasböschung angelegt worden, an die sich ein Graben anschloss, der aber, entgegen erster Überlegungen, kein Wasser führte. Das Ehrenmal sollte «durch seine Schlichtheit auf den Beschauer wirken».[13]

Am 6. September 1933 wurde das nach damaliger Lesart in der Presse «erste Langemarck-Denkmal in Deutschland» in Gegenwart des Reichsarbeitsministers Franz Seldte, des Exkronprinzen Wilhelm «und zahlreicher Abordnungen des ‹Stahlhelm-Studentenringes Langemarck›, der SA, SS usw. feierlich eingeweiht».[14]

Folgende Punkte sah das Programm für diesen Tag vor:

16.00 Uhr: Fahnenweihe auf dem Marktplatz

19.00 Uhr: Empfang der Ehrengäste im großen Saal des Rathauses

19.30 Uhr: Liturgische Abendfeier im Dom

20.15 Uhr: Abmarsch zum Ehrenmal

21.15 Uhr: Abfahrt der Ehrengäste zum Ehrenmal

21.30 Uhr: Beginn der Ehrenmalweihe

22.45 Uhr (etwa): Abfahrt der Ehrengäste zum Rathaus, Abmarsch der Formationen zum Fackelzug.[15]

Vom Zeitpunkt des Beschlusses, dieses Denkmal zu errichten, während der 3. Reichsführertagung des Stahlhelm-Studentenrings im Mai 1932 (20.–22.) bis zu seiner Weihe im September 1933 hatten sich die politischen Verhältnisse im Deutschen

Reich grundlegend und offen in Richtung Gewaltherrschaft weisend verändert. Weder der «Stahlhelm» noch der «Studentenring Langemarck» waren noch selbständig, von unabhängig nicht zu reden. Und damit hatte man sich innerhalb des «Stahlhelms» abgefunden. Am 6. September, dem Tag der Festveranstaltung, veröffentlichte der Stahlhelm-Pressedienst wohl nicht zufällig eine Grundsatzdarstellung:

«Die politische Arbeit des Stahlhelm war in den Jahren des Kampfes gegen das Weimarer System wesentlich bestimmt durch seinen Gegensatz zu allem Parteiwesen. Der Stahlhelm hatte sich um Parteien nie gekümmert und sich bewußt von allen Parteien ferngehalten; denn im Begriff Partei sah er die Zerstörung der staatlichen Einheit und die Teilung des Volksganzen. Aus dieser Einstellung ergab sich ganz naturgemäß auch sein *früheres* Verhältnis zur NSDAP trotz wesentlicher Übereinstimmung in Zielen und Anschauungen. Dabei hielt sich der Stahlhelm nicht von der nationalsozialistischen *Bewegung* fern, sondern von der Organisationsform «Partei». …

Ergab sich so aus dem geschichtlichen Werden des Stahlhelm auch der NSDAP gegenüber eine gewisse Fremdheit, so gilt das heute nicht mehr …

Was Adolf Hitler äußerte, ist das nicht daselbst was den Stahlhelmer all die Jahre hindurch bewegt hat? … Die Art, wie sich der Führer über Rassen und ihre Aufgaben ausließ, und über Wertung des Vergangenen sprach, aber auch das Verkennen dieses Wortes tadelte, ist das nicht alles etwas, was der Stahlhelmer aber auch so restlos bejahen kann, wie es nur irgendwie denkbar ist? Dieser Staat ist unser Staat.»[16]

Man hatte sich im «Stahlhelm» damit aber nicht nur abgefunden, sondern hatte die Übereinstimmung, ja den Anschluss an Hitler und seine Bewegung sogar gewollt. Zu der Überzeugung, dass Adolf Hitler forderte, aussprach und erzwingen wollte, was die Stahlhelmer bewegte, war das Mitglied des «Stahlhelm» Exkronprinz Wilhelm schon Ende März 1932 gelangt. Am 23. März, also vor dem für den am 10. April 1932 angesetzten zweiten Wahlgang zur Wahl des Reichspräsidenten, hatte er an Franz Seldte, den «Ersten Stahlhelm-Bundesführer», sowie den Vorsitzenden der DNVP, Alfred Hugenberg, Briefe geschickt, in denen er eine Enthaltung im zweiten Wahlgang kritisierte und die Unterstützung Hitlers forderte.[17] Und in «Schloß Oels, den 1. April 1932», hatte er sich an die Öffentlichkeit gewandt und erklärt: «Wahlenthaltung im zweiten Wahlgang ist unvereinbar mit dem Gedanken der Harzburger Front. Da ich eine geschlossene nationale Front für unbedingt notwendig halte, werde ich im zweiten Wahlgang Hitler wählen.»[18] Die Telegraphen-Union, eine der beiden großen Nachrichtenagenturen, der dieser Aufruf übermittelt worden war, hatte diese Erklärung verteilt. Am 3. April war sie reichsweit in der Presse erschienen. «Wie eine Bombe» schlug die Stellungnahme des Exkronprinzen ein. «Es war», schrieb Wilhelms Biograph Paul Herre, «ein Schritt, zu dem keinerlei Notwendigkeit zu bestehen schien und der nach allen Seiten hin das größte Aufsehen hervorrief.»[19] Mit dieser bewussten, gezielt unternommenen Kundgebung hatte sich der Exkronprinz nicht nur gegen das rechtsgerichtete Lager, die nationalen Verbände, Parteien und den Thüringer Landbund gestellt, die sich «gegen eine Hitler-Diktatur» ausgesprochen hatten,[20] sondern ausdrücklich auch gegen die «Stahlhelm»-Führung.[21] «Das öffentliche Bekenntnis des Kronprinzen zu Hitler [hatte] den klaren Sinn, die Kameraden [des Stahlhelm], die im ersten Wahlgang für [den

Stahlhelm-Kandidaten] Duesterberg gestimmt hatten, nun zum Führer des Nationalsozialismus herüber zu ziehen.»[22]

Nach der Wahl, aus der Hindenburg als Sieger hervorgegangen war, Hitler aber seinen Stimmenanteil um 2 080 318 Stimmen hatte erhöhen können, rühmte sich Wilhelm im Nachhinein auch gegenüber dem britischen Zeitungsmogul Lord Rothermere, dieser Stimmenzuwachs sei seinem Wahlaufruf zu verdanken; er habe sich schon vor den allermeisten Stahlhelmern auf die Seite Hitlers geschlagen, er sei, folgt man seiner Aussage, Vorbild gewesen.[23] In der Tat war das Dafürhalten Wilhelms wohl begründet, wie man an der Stichprobe des Wahlverhaltens der «Stahlhelmer», die Volker R. Berghahn anstellte, ablesen kann. Berghahn konnte nachweisen, dass Wähler, die im ersten Wahlgang noch für Theodor Duesterberg gestimmt hatten, im zweiten Wahlgang mit großer Mehrheit Hitler ihre Stimme gaben.[24] Bereits in der Straßburger «Freien Presse» vom 19. April 1932 hieß es dazu wohlüberlegt und hellsichtig: «Hugenberg schien persönlich aus Parteigründen der Enthalttaktik geneigt zu sein. Das Eingreifen des Kronprinzen hat sich in diesem Falle aber weit wirksamer erwiesen als jenes des Präsidenten der deutschnationalen Partei.»[25]

Franz Seldte, der «Erste Stahlhelm-Bundesführer», war schließlich, als ihm nach dem Ausgang des zweiten Wahlgangs offenbar geworden war, für wen sich die «Stahlhelmer» mehrheitlich entschieden hatten, dem Beispiel des Exkronprinzen gefolgt: «Seldte versuchte» nun, so Berghahn, «mit der NSDAP ins reine zu kommen.» Zunächst verhandelte er mit Göring, danach auch mit Hitler,[26] und am 30. Januar 1933 trat er dann als Reichsarbeitsminister in Hitlers Kabinett ein. Zum Sommersemester 1933 übernahm Seldte zudem die Führung des Stahlhelm-Studentenrings, der jetzt zur «Regierungsjugend» zählte, was ihm einen erheblichen Mitgliederzuwachs einbrachte.[27] «Stahlhelm» und mit ihm der «Studentenring» waren «jetzt offiziell Teil[e] des großen Stromes, der unter Hitlers Führung auf ein neues machtvolles Reich zusteuerte».[28]

Am 21. Juni 1933 gab Seldte jedoch die Führung aller «Stahlhelmer» im Alter von 18 bis 35 Jahren an die SA ab, wie der Reichspressedienst lapidar vermeldete:

«Zur Sicherung der Schlagkraft der nationalsozialistischen Revolution gliedert sich der Stahlhelm, Bund der Frontsoldaten, in die nationalsozialistische Bewegung in folgender Weise ein:

a) Der Kernstahlhelm bleibt wie zuvor der Führung des Bundesführers unterstellt;
b) der Bundesführer *verbietet* von jetzt ab den Mitgliedern des Kernstahlhelms *jede andere Parteizugehörigkeit als die der NSDAP.*;
c) der Führer der NSDAP., Adolf Hitler, gibt somit die Mitgliedschaft der Stahlhelmmitglieder der NSDAP. frei;
d) der *Jungstahlhelm* tritt neben SA. und SS. und wird dem Obersten SA.-Führer *unterstellt.* Der *«Scharnhorst»* wird *in die Hitler-Jugend eingegliedert.*[29]

Unterschrieben war diese Vereinbarung von Seldte selbst sowie von Hitler. Drei Tage später, am 24. Juni 1933, begrüßte der Exkronprinz «freudigen Herzens», dass es endlich gelungen sei, «die Grundlage für den engen Zusammenschluß und für die Einheitsfront der im Nationalsozialismus und dem Stahlhelm vorhandenen nationalen Kräfte zu schaffen».[30] Damit hatte sich im Grunde erfüllt, was, wie Wilhelm sinngemäß bereits am

Exkronprinz Wilhelm von Preußen mit Hakenkreuzbinde am linken Arm schüttelt einem Jungen aus der Spalier stehenden Hitlerjugend die Hand, Naumburg (Saale) am 6. September 1933.

14. April 1932 an den damaligen Reichswehr- und Reichsinnenminister Wilhelm Groener geschrieben hatte, «von jeher mein Bestreben gewesen ist, persönlich ein Vertrauensverhältnis zwischen dem Reichswehrministerium und den nationalen Verbänden – speziell auch der NSDAP – herzustellen».[31]

Drei Wochen vor dem Übereinkommen zwischen Seldte und Hitler, am 29. Mai 1933, hatte sich bereits der Geschäftsführer des «Stahlhelm-Studentenrings Langemarck», Dr. Heinz Kiekebusch, mit dem Bundesführer des «NS-Studentenbunds», Oskar Stäbel, ins Benehmen gesetzt und zwischen beiden Verbänden eine «kameradschaftliche Zusammenarbeit im Geiste der neuen nationalen Regierung» vereinbart, und am 4. Juli 1933 hatte Kiekebusch den «Studentenring» offiziell dem «NS-Studentenbund» unterstellt.[32]

Am Tag der Denkmalweihung veröffentlichte die neueste

Nummer des «Stahlhelm», die Zeitung des Wehrbundes, auch «einen Bundesbefehl des Stahlhelm-Bundesführers Reichsarbeitsminister Franz Seldte über die Ausgestaltung der auf den 23. und 24. September angesetzten Reichsführertagung in Hannover», an der der Exkronprinz ebenfalls in vorderster Reihe teilnehmen sollte. In dem Befehl hieß es unter anderem: «Der Sonntag [24. September] bringt einen Aufmarsch der Fahnen mit Begleitern und der gesamten Führerschaft des Bundes auf den Marschwiesen, der zu einem feierlich repräsentativen Akt des Treuegelöbnisses für den nationalsozialistischen Staat und seinen Führer Adolf Hitler gestaltet werden soll.»[33]

Die Einweihung des Naumburger «Langemarck-Ehrenmales» am 6. September 1933 war somit von Anfang an keine reine «Stahlhelm»- und schon gar keine «Stahlhelm-Studentenring»-Veranstaltung mehr, die sich, wie vordem noch, gegen «das Parteienwesen Weimars» richtete und für die «dritte Front» eines antiparlamentarischen Ständestaats und den Bundesführer eintrat, auch wenn dies auf den ersten oberflächlichen Blick betrachtet so aussah. Es war eine von «Stahlhelm» und Studentenring inszenierte Feier im Sinn und in der Sinngebung des «neuen nationalsozialistischen Staates», die «die Disziplin und die Ordnung, die Zucht und das Einordnungsvermögen» der «deutschen Jugend» beschwor und sie beispielgebend zu «Treue, Hingabe und Begeisterung für das Reich» anspornen wollte. Die Jugend sollte «ein Bekenntnis ablegen zum Geist des Opfers … für den kommenden Kampf».[34] Ihr Wehrwille sollte für den nächsten Krieg, der nach nationalsozialistischer wie nach radikalnationaler Ideologie geführt werden musste, gestärkt werden.[35] Dass es auch dem Ehrengast aus dem Haus Hohenzollern, dem Exkronprinzen, mit seinem Erscheinen und öffentlichen Auftreten um diese Sinngebung und um diese «Werte» ging, erwies zum wiederholten Mal sein Brief an Hitler Ende 1932, in dem er erneut nicht nur sein Eintreten für den «Führer der nationalsozialistischen Bewegung» im zweiten Wahlgang der Reichspräsidentenwahl 1932 hervorhob, sondern er auch, wie Monate zuvor gegenüber Groener, seine Überzeugung kundtat, «SA, SS und Stahlhelm [seien] die Träger des Wehrgedankens», den er sich hochzuhalten bemühe.[36]

Die im Vorfeld für Naumburg angesetzten wehrsportlichen Übungen wie die Denkmalweihe bekamen vor diesem Hintergrund zielgerichtet und willentlich einen Wesensgehalt, der langfristig darauf hinsteuerte, die angestrebte Wehrkraft und Wehrfreudigkeit der Jugend unter Beweis stellen zu können. «Die Gestalt des Langemarck-Stürmers», hieß es etwa im Vorfeld der Feierlichkeiten, «hat sich an der Westfront bald gewandelt zu dem Typus des stillen, zäh verbissenen Grabenkämpfers; aber die innere Haltung und die restlose Einsatzbereitschaft blieben die gleichen, über den Stoßtruppler, den Oberschlesien- und Ruhrkämpfer hinweg bis zu den Soldaten der nationalen Erhebung von 1933.» Das Ehrenmal für die bei Langemarck Gefallenen sollte daher als «sinnfälliges Symbol für den unbeugsamen Wehr- und Freiheitswillen des deutschen Volkes [und] eine stete Mahnung an Deutschlands akademische Jugend» sein, sich «dem Vaterland treu und opferfreudig hinzugeben».[37] Von der Parteigenossin Annemarie Kern konnte man, die einstigen Unterschiede zwischen Stahlhelm-Studentenring und NS-Studentenbund auflösend, im Naumburger Tageblatt unter der Überschrift «Hütet das Erbe von Langemarck» auffordernd lesen: «So nützlich Leistung und Tätigkeit eines einzelnen auch sein mögen – fähig zu sein, aufzugehen und sich auf-

Exkronprinz Wilhelm von Preußen gibt im Rahmen der Feierlichkeiten zur Einweihung des Langemarck-Denkmals am 6. September 1933 in Naumburg an der Saale ein Autogramm.

zulösen in einer höheren überpersönlichen Idee, zu spüren das Rauschen eines Stromes, der heiß von den Ahnen und durch unsere Seelen fließt in eine Zukunft voll Hoffen: dieser große, starke Glaube möge auch uns beseelen und uns im Angesicht der Toten von Langemarck Stoßkraft geben.»[38]

Bereits am 4. und 5. September war ein Großteil der Studenten, sämtlich mit Hakenkreuzbinde, dem ursprünglich «einzige[n] Abzeichen der Angehörigen der neuen Partei» am linken Arm, «von allen Himmelsgegenden zu Rad, mit Auto, mit Motorrad, ja sogar selbst zu Fuß», in Naumburg eingetroffen, darunter «als erster hoher Gast» einer «der ältesten Angehörigen des Stahlhelm-Studentenringes ‹Langemarck›, Prinz Wilhelm von Preußen», der erstgeborene Sohn des Exkronprinzen; auch er mit Hakenkreuzarmbinde.[39] Er wurde vom Studentenring-

Geschäftsführer Dr. Kiekebusch und dem «Stahlhelm-Kameraden» Nußbaum von der Bahn abgeholt und zum Hotel gebracht, um mit den beiden Funktionären «zu plaudern».[40]

Rechtzeitig am 6. September trafen auch «der Kronprinz Friedrich Wilhelm und Reichsarbeitsminister Seldte» ein, wie das Naumburger Tageblatt vermeldete.[41] Auch diese trugen, wie die erhaltenen Fotographien ausnahmslos zeigen, stets die Hakenkreuzbinde am linken Arm. Dem Exkronprinzen wurde ein großer Empfang bereitet unter überaus starker Beteiligung der Naumburger Bürger: «Trommelwirbel», «Ehrenkompanie», «Jubelrufe», «Blumen über Blumen» von der versammelten Menge. Die erhaltenen Fotos belegen dies. Mit seinem Sohn schritt er kurz nach der Ankunft die Front der Ehrenkompanie ab.[42] Ihr Auftritt war es, der dauerhaft in Erinnerung blieb.[43]

Nachdem Kiekebusch sich am Vormittag vor dem Hintergrund der Unterstellung des Studentenrings unter den NS-Studentenbund über wichtige Organisationsfragen mit den Führern des Rings besprochen hatte, es ging um den zukünftigen Auf- und Ausbau des Studentenrings, begannen am Nachmittag die Feierlichkeiten mit dem Antritt der «Studentenbataillone» und einer Fahnenweihe. Kiekebusch und Prinz Wilhelm stets an seiner Seite schritten die «Front» der Studenten ab. Kiekebusch sprach die Weiheworte: «Die Fahne sei deine Ehre, deine Ehre deine Treue. Wir gedenken an dieser Stelle auch unseres ehrwürdigen Reichspräsidenten von Hindenburg und unseres Volkskanzlers und Führers Adolf Hitler. So weihe ich die Fahne: Gehe den Deinen voran und führe die Deinen zum Sieg.» Die Feier klang aus mit dem Horst-Wessel-Lied und dem Stahlhelm-Bundeslied: «Kam'rad reich mir die Hände».[44]

Um 19:00 Uhr erfolgte im Rathaus der Empfang der Ehren-

Reichsarbeitsminister Franz Seldte (vordere Reihe, 3. v. l.) und Exkronprinz Wilhelm von Preußen (vordere Reihe, 6. v. l.) am 6. September 1933 im Naumburger Rathaus

gäste, des Exkronprinzen und Reichsministers Seldte sowie «einer großen Anzahl Vertreter der alten und neuen Wehrmacht zahlreiche[r] Repräsentanten des neuen Staates, wie Vertreter der SA., SS., Stahlhelm, NSDAP., der Behörden, Kirchen, Universitäten u. v. a.».

Wieder ergriff Dr. Kiekebusch für den Studentenring das Wort, begrüßte die «Volksgenossen», den Reichsarbeitsminister und «den deutschen Kronprinzen als Vertreter des Kaiserlichen Hauses», den «Kameraden Prinz Wilhelm», Reichswehr, Polizei, Stahlhelm, SA und SS. Er pries die «Stahlhelmstudenten … als politische Kämpfer gegen das System des 9. November und für die Aufrichtung des Dritten Reiches, … als nationalistische Sozialisten». Das alte System, so Kiekebusch, sei gestürzt, neue und beste Männer seien an seine Stelle getreten. Aber die Revolution habe gerade erst begonnen, der Kampf gehe weiter «trotz und wegen des 30. Januar und 21.3.1933», des Tages von Potsdam. Das waren Worte, wie sie seit ihrer Machtübernahme und soeben auf dem Reichsparteitag der NSDAP in Nürnberg auch Hitler, Goebbels und Göring gesprochen hatten. «In diesem Sinne», fuhr Kiekebusch fort, «glauben wir», und sprach damit ausdrücklich für die Vertreter des Stahlhelm und des Studentenrings «Langemarck» mit Seldte, dem Exkronprinzen und Prinz Wilhelm an der Spitze, «daß wir die alten und doch noch jungen Kämpfer im Stahlhelm, in der SA. und SS., dem Führer in dem nächsten Jahrzehnt die *besten und getreuesten Helfer* sein werden. Und der Führer weiß, daß er sich auf diese seine Soldaten verlassen kann und daß sie eine vorzeitige Erstarrung der neuen Herrschaft niemals zulassen werden.» Man stehe Schulter an Schulter mit dem NSDStB und den SA.-Studenten.[45] Es war in Worten, Taten und Symbolen die öffentliche Überführung und Eingliederung der rechtskonservativen Stahlhelmstudenten in die Organisationsstruktur und Ideologie des Nationalsozialismus.

Nach der liturgischen Abendfeier im Dom, gehalten von einem Geistlichen «im feldgrauen Rock mit Hakenkreuzarmbinde»,[46] brachen die Versammelten zum Ehrenmal auf, wo um 21:30 Uhr die Ehrenmalweihe begann. «Ueber eine halbe Stunde währte der Aufmarsch. Knirschte der Kies unter den Tausenden von eisenbeschlagenen Füßen. Halblaute Kommandos erklangen aus dem Dunkel, die graue und braune Mauer stand. Dann setzt Musik mit dem Präsentiermarsch ein, und durch die Lichtergasse geschritten kam der Bundesführer des Stahlhelms, Reichsarbeitsminister Seldte, begleitet von seinem Stabe. Kurz darauf kündete anschwellendes Heilrufen auch das Nahen des Kronprinzen an.»[47]

Vor dem Exkronprinzen, seinem Sohn, dem Stahlhelm-Studentenbataillon, dem Gau Naumburg des Stahlhelm, der SA-Standarte J (Jäger) 4 der Stadt (als «höchste Auszeichnung … vom Führer [soeben auf dem Reichsparteitag der NSDAP in Nürnberg] verliehen»[48]) und einer Abordnung der SS[49] hielt Seldte die Festrede unter dem Motto: «Begeisterung, Opferfreudigkeit, Tapferkeit, Vaterlandsliebe».[50]

«Langemarck», verkündete Seldte, sei «ein ewiger Begriff des verpflichtenden Beispiels. Und heute in diesem Jahre der nationalen Erhebung und unseres nationalen Durchbruchs ist es nun nicht mehr nur ein Wort der Erinnerung, sondern ein lebendig gewordener und werdender Begriff, der sich wiederum in neue Taten umzusetzen vermag. … Es ist … ein Aufbruch der gesamten Nation, aus den Schlammtrichtern der Nachkriegszeit, aus den Fesseln und Drahtverhauen roter Systeme, aus der Unfreiheit hin zu einem Ziel, hin zu Gefilden, hin zu einer Zeit, wo wir mit Begeisterung, Tapferkeit, Opferfreudigkeit und Vaterlandsliebe und wiederum mit neugewonnener harter Erkenntnis des Lebens durch unserer Hände Arbeit und durch eisernen Willen uns und unserem Volke ein besseres und ein würdigeres Leben in Freiheit erringen wollen, wenn alle nationalen Menschen, wenn alle Männer und Frauen, wenn wir alle, wie wir jetzt vereint in der großen nationalen Bewegung Adolf Hitlers stehen, dieses erfassen, wer sollte es dann besser erkennen, als gerade die akademische deutsche Jugend? … Wir denken mit Dank heute an die Helden von Langemarck. Wir reichen ihnen in ernsten Gedanken die Hand, und wir können es tun, denn wir haben durch den Krieg, durch die Nachkriegszeit hindurch ihre Fahne unentwegt weiter vorwärts getragen; und wir haben sie mit dem Siegeszeichen Adolf Hitlers heute in Ehren wieder aufziehen können, so daß sie wieder des deutschen Reiches stolze Flagge geworden ist.»

Danach erfolgte die Niederlegung der Kränze, zuerst durch Seldte, dann durch den Exkronprinzen – sein Kranz war den ganzen Tag über öffentlichkeitswirksam «im Schaufenster der Buchhandlung Ratsch ausgestellt», offensichtlich um seine Identifikation mit Ablauf, Sinn und Ziel der Feierlichkeiten jedermann deutlich zu machen.[51] Es folgten der Nationalsozialistische Deutsche Studentenbund, dessen Vertreter an Horst Wessel und Leo Schlageter erinnerte, die Kreisleitung der NSDAP, der Studentenring «Langemarck», die Deutsche Burschenschaft und abschließend der Stahlhelm-Gau Naumburg.[52] Dann wurden das Deutschlandlied, das Horst-Wessel-Lied und das Stahlhelmbundeslied intoniert. Zum Ausklang marschierten die Formationen geschlossen «Kolonne auf Kolonne, Reichswehr, gefolgt von Studentenbataillonen, der SA., der SS., des Gaues Naumburg des Stahlhelms, sowie der Wehrsportgruppen des Gaues Naumburg» hinunter auf den Marktplatz der Stadt zum Großen Zapfenstreich und dem «Vorbeimarsch am Kronprinzen vorbei».[53] Dessen herausgehobene Stellung wurde hier ein weiteres Mal deutlich sichtbar.

Die von Seldte, von dem ihn in seinem Vorgehen unterstützenden, bekräftigenden und beglaubigenden Exkronprinzen sowie dessen Sohn beabsichtigte Wirkung, dass Stahlhelm und Studentenschaft den neuen nationalsozialistischen Staat und seine Ziele unterstützten, hat die Inszenierung der Ehrenmalweihe denn auch erreicht. Der Sinn des Opfers von Langemarck sei endlich verstanden worden, hieß es in einer Bilanz der Feierlichkeiten und Reden. Das «neue Deutschland» marschiere «mit festem Tritt, … wie es der Traum der Kämpfer von Langemarck war, in ein besseres Deutschland, in eine Zukunft, die das Reich würdig findet, das Erbe von Langemarck voranzutragen, für das Deutschlands beste Jugend ihr blühendes Leben auf dem Altar des Vaterlandes opferte». Das war, jetzt ausdrücklich auf «Langemarck» bezogen, ganz wie beabsichtigt, die Quintessenz von Hitlers Rede an die Jugend auf dem Parteitag der NSDAP in Nürnberg am 2. September, in der es geheißen hatte: «Ein Wille muß uns beherrschen, eine Einheit müssen wir bilden, eine Disziplin muß uns zusammenschließen; ein Gehorsam, eine Unterordnung muß uns alle erfüllen.» Und: «Ihr müßt treu sein und ihr müßt untereinander eine einzige große herrliche Kameradschaft bilden. Dann werden alle die Opfer der Vergangenheit, die für das Leben unseres Volkes gebracht werden mußten und gebracht worden sind, nicht umsonst hingegeben worden sein.»[54] Die Jugend, dies sollte die Ehrenmalweihe mit ihren Ehrengästen, sollten die Reden und Ansprachen in Naumburg belegen und befördern, sei bereit für ihren Führer «zu leben, zu handeln, und wenn es sein muß, in den Tod zu gehen, denn Sie sind Deutschland, Adolf Hitler!», ganz wie es zwei Tage zuvor in Nürnberg Baldur von Schirach als Führer der Reichsjugend gelobt hatte.[55] Diese Haltung herzustellen, sie zu unterstützen, dafür einzustehen, waren Seldte, der Exkronprinz und sein Sohn eigens nach Naumburg gekommen.

4

Lothar Machtan: Der Kronprinz und die Nazis.
Hohenzollerns blinder Fleck, Berlin 2021, eine Buchbesprechung

Lothar Machtan, ehemals Professor für Neuere Geschichte an der Universität Bremen, hat ein Buch über den Exkronprinzen des Deutschen Reichs Wilhelm geschrieben. Warum? Aus «Sorge um unsere Demokratie» (und) wegen des «verqueren Verlauf[s] des sogenannten Hohenzollernstreites …, der nun schon mehr als zwei Jahre zumindest die Feuilletons dauererregt», wie es im Epilog des Buches süffisant heißt (S. 243 f.). Die Debatte um die «Restitutionsansprüche des Hauses Preußen» bewege sich auf einer «primär politisch-moralischen Ebene», so Machtan, weil die im Rahmen des Rechtsstreits tätigen Gutachter allesamt «nicht mit eigenen fachspezifischen Fragestellungen an ihren Untersuchungsgegenstand herangetreten [seien], sondern mit unnötigen Zugeständnissen an ihre Auftraggeber» (S. 244). Die Gutachter seien also im Sinne der Auftraggeber voreingenommen gewesen, bedeutet dies. Machtan behauptet das, belegt es allerdings nicht.

Außerdem, schreibt er, gebe es bis heute «keine valide politische Biografie des letzten deutschen Kronprinzen, nicht einmal eine Tiefenbohrung in jenem Lebensabschnitt, in dem er seine

Politik gemacht hat» (S. 244). Die Biografien von Paul Herre und Klaus W. Jonas aus den Jahren 1954 und 1962 erwähnt er in diesem Zusammenhang nicht.[1] Es gebe nur «ein Sammelsurium an vermeintlich für sich selbst sprechenden Überresten: Wissenssplitter und Erzählung» (S. 244); auch diese Stelle kommt ohne Nachweis aus. Deshalb fordert Machtan, das Anforderungsprofil für ein klares historisches Faktenbild müsse anspruchsvoller sein: «Ich habe dieses Buch geschrieben, weil es mir um Transparenz und Nachvollziehbarkeit ging» (S. 245).

In der Regel findet man solche Bemerkungen vorausgeschickt in der Einleitung oder Vorbemerkung eines Buches. In Machtans «Prolegomena» genanntem Einstieg gibt es dafür aber keinen Ort. Die «Prolegomena», dies wird sofort deutlich, sollen, gleich dem Coverfoto, schon zu Beginn des Buches die Einordnung und Bewertung sämtlicher Handlungen seines «Probanden», «Antihelden», «Titelhelden», «Protagonisten», wie Machtan den Exkronprinzen Wilhelm durchgehend nennt, vorgeben. Dieser sei gefangen gewesen in «Irrungen und Wirrungen», «Fehlein- und Selbstüberschätzungen». Das nachkolorierte Foto auf dem Buchcover vom Stahlhelmtag am 24. September 1933 in Hannover soll das Dandyhafte, Unsolide, politisch Unzulängliche des Exkronprinzen vor Augen führen. Wilhelm, so die Aussage, sei des eigenen Schicksals offensichtlich nicht oder kaum mächtig gewesen, er sei zu armselig, rückgrat- und entschlusslos gewesen. (Von der Veranstaltung des Stahlhelmtags existiert ein anderes Foto, das den Exkronprinzen mit zum «Deutschen Gruß» ausgestrecktem Arm neben dem «Führer» zeigt.) Unterstützen soll diesen Eindruck des Lesers zudem der von Machtan hier offenbar bewusst gewählte, für ein Werk, dass sich zwar an die breite Öffentlichkeit richtet, aber

Begrüßung des «Führers» beim Stahlhelmtag in Hannover am 23. September 1933, wo die endgültige Unterstellung des Bundes unter Hitler verkündet wurde.

mit einem eigens formulierten wissenschaftlichen Anspruch daherkommt, erstaunlich flapsige Ton. Dieser soll heiter-ironisch klingen, so, als ob man den «Antihelden» und «Probanden» nicht ernst nehmen dürfe, schon gar nicht müsse.

Wilhelm sei eben ein Gefangener seines mediokren Selbst gewesen, stellt Machtan fest: Man dürfe die Rolle des irrenden, verwirrten Exkronprinzen in den Jahren 1931 bis 1933 nicht «überbewerten». Symbolisches Kapital hätten weder die Monarchie noch der «Antiheld» zu dieser Zeit besessen. Schon der noch amtierende Kronprinz sei in die Rolle eines Armee- und Heeresgruppenführers lediglich gehievt worden, was dem Leser nahebringen soll, dies sei ohne Wilhelms Zutun geschehen. Seinen Posten habe er dann freiwillig verlassen, um seinem Vater ins holländische Exil zu folgen. Dass Wilhelm und die Monarchie nach dem Ende des Ersten Weltkriegs in der Weimarer Republik kein symbolisches Kapital mehr besessen haben sollen, was Machtan an anderen Stellen des Buches wiederholt (S. 38 ff.), ist eine Behauptung, die verblüfft. Denn ein Blick allein auf die erhaltenen Fotografien des Exkronprinzen in der Öffentlichkeit 1933, etwa in Naumburg, die ihn von begeisterten Menschen umlagert Hände schüttelnd und Autogramme schreibend zeigen, beweist das Gegenteil.

Und in der untersuchten fraglichen Zeit der «politische[n] Einflussnahme» des «Titelhelden» nach seiner Rückkehr aus dem Exil (sic! – JL), fährt Machtan fort, habe der «Naziführer», habe also Adolf Hitler Anfang 1933 «‹nur› für nationalistische Massenmobilisierung, für gewalttätigen SA-Faschismus und einen fanatischen Willen zur Allmacht – aber nicht für Judenvernichtung und Weltkrieg für ‹Lebensraum›» gestanden. Dies sei erst erkennbar geworden, «nachdem unser Protagonist die Bühne des Politiktheaters» – eine die Realität zum seichten Schauspiel verklärende Wortwahl – «wieder verlassen hatte.» (Zitate S. 10 f.)

Allerdings konnte man, um nur ein Beispiel zu nennen, etwa am 11. Oktober 1930 im *Westfälischen Beobachter*, dem Gau-Blatt für Minden-Ravensberg und Lippe der NSDAP, unter dem Titel «Unsere antijüdische Sendung» lesen: «Lösung der Judenfrage! Das ist uns Nationalsozialisten keine Frage mehr, sondern eine Gewißheit! Wir haben Möglichkeiten der verschiedensten Art dazu erwogen, und es handelt sich nur noch um die Frage, ob es zweckmäßiger ist, zu dieser oder zu jener Lösung zu schreiten.» Der vom Autor angemahnten Transparenz hätte solches zu offenbaren gutgetan. Denn Wilhelm hat die Zeitungen der Zeit gelesen und die Ereignisse und politischen Kämpfe in der Weimarer Republik und um die Republik verfolgt, wie Machtan ausführt.

Auf die den Tenor der Untersuchung setzenden Prolegomena folgt ein kurzes «Vorspiel». Dieses enthält zwei Briefe Wilhelms aus seinem Exil in Wieringen an seinen Vater, geschrieben im Januar 1919, in denen er, kurzgefasst, Hindenburg zu einem «Hanswurst» erklärt. Darauf folgen die sieben Kapitel des Buches: 1. «Aufbruch in die Politik» (S. 18–44), 2. «Die Fiederung» (S. 45–76), 3. «Eine neue Krone?» (S. 77–123), 4. «Zwischen den Stühlen» (S. 124–155), 5. «Verwirrung und Ausweg» (S. 156–171), 6. «Zu Hause im Dritten Reich» (S. 172–204) sowie 7. «Eskalierendes Verhängnis» (S. 205–239).

Im ersten Kapitel verstärkt Machtan noch einmal ausführlich seine in den «Prolegomena» bereits vorweggenommenen, dem Exkronprinzen zugeschriebenen Züge. Der habe 1927 «partout nicht wahrhaben» wollen, dass «für ihn selbst kaum mehr Aussicht bestand, eine politische Rolle zu spielen» (S. 18). Aber galt dies auch für die Jahre danach? Die Frage bleibt unbeantwortet. 1928 auf einer Reise nach Italien und danach pries Wilhelm die Diktatur Mussolinis und damit ein Willkür- und Gewaltregime, das seine Gegner und Kritiker terrorisierte oder ausschaltete und die Pressefreiheit einschränkte. Was Machtan mit dem Wilhelm zu einem Dummkopf stilisierenden Satz kommentiert (S. 20): «Das alles scheint dem deutschen Kaisersohn gefallen zu haben – wenn man voraussetzt, dass er wusste, wovon er sprach.»

Als Wilhelm dann 1930 an von Schleicher über die Regierung Brüning schreibt: Wenn «die gutgesinnten Kreise nicht vollkommen irre werden sollen, muss sehr bald und schnell von Seiten des Kabinetts verständige und positive Arbeit geleistet werden.» – «Du weißt, dass ich nicht zu den Schwarzsehern und übernervösen Leuten gehöre, aber ich glaube tatsächlich in diesem Fall, dass es höchste Zeit für dieses Kabinett ist, an dem wir doch schließlich alle miteinander gearbeitet haben [sic! – LM] und auf das wir selbst große Hoffnungen setzten, rücksichtslose Maßnahmen zu ergreifen, um seinen sehr gesunkenen Kredit in den nationalen und gutbürgerlichen Kreisen wieder zu erhöhen», disqualifiziert Machtan des Exkronprinzen politisches Engagement in der Sache als «reichlich präpotent für eine Privatperson ohne Amt und Verantwortung» (S. 28), spricht ihm somit jegliches politisches Interesse und Handeln ab. Und als Wilhelm sich im Schloss Cecilienhof am 20. Juni 1930 mit von Schleicher und von der Schulenburg trifft, um seine politischen Vorstellungen zu diskutieren – die Machtan nicht analysiert oder abwägt –, habe der Exkronprinz nur «Flausen in seinem Kopf», man höre ihn «schwadronieren … so zügellos und so vermessen, ganz wie sein alter Vater in Doorn» (S. 29). Genaueres erfährt man aber nicht.

Ebenso wenig ernst zu nehmen seien auch Wilhelms Bemühungen im und um den Stahlhelm. «Auch die Naziführung», schreibt Machtan, «wusste schließlich, dass ihre Massenbewegung aus eigener Kraft das ‹Novembersystem› nicht aus den Angeln heben konnte, zumindest nicht in absehbarer Zeit. Sie brauchte Koalitionspartner jenseits der Parteien, und zwar einen mit Massenanhang. Schleicher sah diesen Koalitionspartner im Stahlhelm, dem inzwischen etwas angestaubten paramilitärischen ‹Bund der Frontsoldaten›. Ihn galt es zu mobilisieren und auf Vordermann zu bringen. Und das sollte Schleichers kronprinzlicher Freund bewerkstelligen. Doch konnte der das überhaupt?» (S. 32) Offenbar ja, muss Machtan zugeben. Wilhelms Selbstinszenierung im Stahlhelm sei «ein politisches Statement» (S. 33). Er habe sich «zum Resonanzverstärker der sogenannten nationalen Opposition» gemacht und sei in die «Niederungen des Nahkampfs» hinabgestiegen. Sogleich bezweifelt Machtan diese Tatsache aber wieder, fragt, ob der Exkronprinz in den Augen anderer Konservativer und Erzkonservativer überhaupt «so etwas wie eine zugkräftige Galions- oder gar übergreifende Integrationsfigur» gewesen sei, oder ob sie in ihm «nur einen erlauchten Möchtegern-Politiker» gesehen hätten oder «eine nur royale Celebrity, die eine eigene Show für sich beanspruchte» (S. 33 f.). Wilhelm, gewinnt man den Eindruck aus den sich häufig gegenseitig widersprechenden Aussagen Machtans, darf politisch nichts erdacht, nichts gekonnt, nichts erreicht haben.

Dennoch wurde er öffentlich wahrgenommen (S. 31)! Dazu habe unter anderem auch die Schlagzeile der *Vossischen Zeitung* vom 8. September 1930, erschienen eine Woche vor der Reichstagswahl, beigetragen: «Der frühere Kronprinz geht *nicht* zu Hitler» (ebd.). Die Schlagzeile, die Machtan zitiert, ist die Überschrift einer schlichten, kleinen Meldung auf Seite 3 des Blattes, bei der das «nicht», anders als im Zitat ausgewiesen, nicht kursiv gesetzt, also nicht betont und verstärkt ist. Warum hat Machtan das Zitat verändert? Wahrscheinlich, so wie das Buch angelegt ist, um einen Abstand des Exkronprinzen zu Hitler aufgrund dieser Meldung nachzuweisen, wie ja das ganze erste Kapitel den Nachweis zu führen sucht, Wilhelm sei generell ungeeignet, zu dandyhaft, ja zu dumm für einen politischen Gedanken und damit für die Politik. Machtan verstärkt auf diese Weise die ursprüngliche, aufgrund der neuen Forschungen mittlerweile revidierte Position von Christopher Clark, der Mann sei «eine Flasche», zu «unintelligent» und zu «isoliert». Und Machtan tut dies, obgleich er die Gutachten – und damit auch Clarks Stellungnahme über den Exkronprinzen – im Epilog seines Buches ja als «über die nüchterne Prüfung der bis dato gesicherten Faktenlage» hinausgehend verwirft (S. 244).

Diese in den «Prolegomena» sowie dem ersten Kapitel des Buches von Machtan vorgezeichnete Argumentationslinie durchzieht auch alle folgenden Kapitel des Werkes. Im zweiten Kapitel, in dem es um die Idee einer Wiederherstellung der Monarchie als Alternative zur bekämpften Republik geht, wird Wilhelm gleich eingangs dargestellt als überfordert von den Fragen «Welche Monarchie ... die alte wilhelminische oder ein neues Modell?», eine «parlamentarische»?, «eine Duce-Monarchie wie in Italien»? oder «doch die Errichtung einer Militärdiktatur mit monarchischer Spitze»? (S. 46).

Wie man im dritten Kapitel erfährt, hatte Wilhelm bis 1932 dann trotzdem eine Vorstellung entwickelt: Er habe über die Reichspräsidentschaft zurück zur Monarchie wollen, und zu diesem Zweck habe er «die Verschmelzung von nationalkonservativer und nationalsozialistischer Gesinnung» angestrebt (S. 78). Sofort aber kommentiert Machtan einschränkend, weil Wilhelm der Weg hin zu seinem Ziel nicht sofort deutlich vor Augen stand, «wie wenig er [der Exkronprinz, JL] seine Aussage bis zu Ende gedacht» habe (S. 79). Am 10. Januar 1932 traf Wilhelm in Cecilienhof Hitler zum Tee, doch «man darf die politische Bedeutung dieser privaten Teestunde nicht zu hoch hängen» (S. 80). Schließlich erweist sich aber doch, «dass Wilhelm seit Jahresbeginn mehr oder weniger hartnäckig ein großes Ziel verfolgte, nämlich seine und Hitlers politische Ambitionen zu synchronisieren» (S. 94). Allerdings wurde es aus den bekannten Gründen, sein Vater verweigerte sein Einverständnis, nichts mit seiner Kandidatur bei der Reichspräsidentenwahl am 13. März 1932. Dafür rief er für den zweiten Wahlgang dazu auf, seinem Vorbild zu folgen und Hitler die Stimme zu geben. Der konnte seinen Wähleranteil um zwei Millionen steigern. Dazu Machtan in der nun schon gewohnt herablassend-verlachenden Art (S. 101): «Was die Wahlempfehlung von Wilhelm Kronprinz zu dieser Stimmverteilung beigetragen hat, steht in den Sternen.» Dass Wilhelm sich später brüstete, durch seinen Aufruf Hitler zwei Millionen Wähler zugeführt zu haben, verschweigt Machtan an dieser Stelle. Damit aber kommt er über Paul Herres und Klaus W. Jonas' Kronprinzen-Biografien nicht hinaus – und Herre und Jonas wussten dies noch nicht. Machtan mag Wilhelm partout keine Wirkung zugestehen (S. 119).

Durch den weiteren Verlauf des Jahres habe Mitte November 1932 «die Interessenpolitik unseres Protagonisten» in Scherben gelegen. «Fortan kann der Kronprinz aus eigener Kraft nichts mehr bewirken, um aus der Sackgasse seiner Ambitionen wieder herauszukommen.» (S. 154) Ende des vierten Kapitels «geht er lieber in das Risiko des – Nichtstuns» (S. 155). Folgerichtig dreht sich das fünfte Kapitel in erster Linie um von Schleicher. Nur zum Schluss des Kapitels hin erfährt man über den Exkronprinzen in der Politik, was man bislang in jedem vorhergehenden Kapitel schon ähnlich über ihn lesen konnte: «Unser Protagonist muss diesmal außen vor bleiben» (S. 166). Darüber hinaus lediglich, dass Wilhelm Hitler nach dessen Ernennung zum Reichskanzler am 30. Januar 1933 einen «persönlichen

Glückwunschbrief» sandte, dessen Inhalt sich leider auch im Hausarchiv des vormals regierenden Preußischen Königshauses nicht erhalten habe (S. 170).

Dass Wilhelm Hitler und das neue Regime sogleich guthieß, verwundert Machtan nicht, wie er zu Beginn des sechsten Kapitels festhält. Auch nicht, dass der Exkronprinz am Staatsbegräbnis für den SA-Mann Maikowski im Berliner Dom zwischen Hitler und Göring sitzend teilnahm. Wilhelm habe halt bei der neuen Führung «gut angeschrieben sein» und «in den Vorraum der Macht» zurückkehren wollen (S. 173 f.). Doch nicht einmal solches Vorhaben habe sein «Protagonist» ernsthaft betrieben, denn nach der Beerdigung sei er zum Skifahren in die Schweizer Berge aufgebrochen, «das Highlife in St. Moritz» habe ihn mehr gereizt als «die unmittelbaren Auswirkungen des Regierungswechsels auf die politische Kultur in Deutschland» (S. 174).

Ein wenig erstaunt liest man deshalb zwei Seiten weiter, dass es Wilhelms damaliges «Hauptbestreben» gewesen sei, «frei nach Ian Kershaw – Hitlers Drittem Reich ‹entgegenzuarbeiten›», ihm also zuzuarbeiten, obwohl das Dritte Reich «vier Wochen nach der Machtübertragung bereits die hässlichen Züge eines Unrechtsstaates» annahm. Machtan zitiert aus den bekannten Briefen Wilhelms an Ferdinand von Bredow vom 6. März 1933 und an Eberhard von Selasen-Selasinsky vom 14. März 1933, in denen der Exkronprinz schrieb (S. 176 f.): «Jetzt heisst es, die Geschlossenheit dieser Regierung [Hitler – LM] in jeder Beziehung zu unterstützen und Jedem in die Fresse zu hauen, der versucht, in diese Geschlossenheit Unruhe und Misstrauen hineinzutragen.» Und: «Wir Alle müssen jetzt mithelfen, dass diese wundervolle Nationale Front nicht gestört,

Vor dem Naumburger Dom begrüßt Exkronprinz Wilhelm von Preußen die ihm begeistert mit dem Hitlergruß zujubelnde Menge, 6. September 1933.

sondern weiter gestärkt und unterstützt wird. Zersetzungsversuche müssen – gleichgültig von welcher Seite sie auch kommen mögen – mit allen Mitteln unterbunden werden.» Aber offenbar kann auch diese deutliche Sprache und Haltung nicht recht wahr sein, denn laut Machtan «redet er nun sich und anderen [dies nur] immer wieder ein», weil er glauben will, «was er sich wünscht» (S. 177).

Der Tag von Potsdam, der anschließende Besuch Hitlers beim Exkronprinzen in Cecilienhof, Wilhelms Anwesenheit bei der spätnachmittäglichen Eröffnung des Reichstags in der ehemaligen Kaiserloge, all dies referiert Machtan und kommentiert kurz: «Kein Zweifel, unser Protagonist möchte wieder zu einer öffentlichen Person werden – dieses Mal als prominenter Befürworter und Förderer der Hitlerregierung (Sic!, JL)» (S. 184). Wilhelm gab verschiedenen ausländischen Zeitungen Interviews, in denen er das Hitler-Regime und seine Handlungen rechtfertigte und lobte und wollte gleich Hitler den Bolschewismus «ausrotten», die Sozialdemokratie «zu Boden schlagen», «das schädliche Ostjudentum … rücksichtslos bekämpfen» (S. 195). Diesen deutlichen Belegen für Wilhelms Einstellung und Tun kann Machtan nur mit einem Ablenkungsmanöver beikommen. Man dürfe all dies nicht auf die Goldwaage legen, denn es sei doch anzuerkennen, relativiert Machtan, «dass der Bekenntnisdrang zu Hitler und dem Dritten Reich jetzt ein allgemeiner Trend war, der unter konservativen Eliten 1933 besonders zahlreiche rhetorische Blüten trieb» (S. 200).

Als einen unter vielen Abgehängten porträtiert Machtan den Exkronprinzen im siebten und letzten Kapitel des Buches. Dass Wilhelm dem Nazi-Regime durch seinen Hausminister Dommes versichern ließ, das Haus Preußen täte alles, «um den Verdacht zu vermeiden, als ob wir bei Seite ständen», den Hohenzollern läge vielmehr daran, «mit der Hitler-Regierung ‹in Einklang zu stehen›», habe laut Machtan «die Bezeichnung ‹Politik› nicht verdient», sei lediglich «das klassische Antichambrieren eines gelernten Höflings, der mit seinem Kratzbuckeln aber nicht weiterkommt» (S. 206).

Ebenso bezweifelt er, dass Wilhelms am 9. und 10. November 1933 gleich in mehreren Tageszeitungen erschienener Artikel «Novembertage», in dem der Exkronprinz sich «mit freudigem ‹Ja›» zu Hitler und seiner Politik bekannte, zu «dem großen Abstimmungserfolg am 12. November beigetragen hat» (S. 210). Nicht nur ärgerlich, sondern unredlich ist allerdings, dass Machtan in den zitierten Passagen des Artikels Auslassungen vornimmt, ohne dies kenntlich zu machen. Der Exkronprinz schrieb nicht: «Das Gebäude des Dritten Reichs steht fest. Dass es in der Geschichte über die Stürme der Zeit ...», wie Machtan vorgibt. Wilhelm hob hervor: «Das Gebäude des Dritten Reichs steht fest auf neuer, im Persönlichkeitsprinzip verankerter Grundlage. Autorität jedes Führers nach unten und Verantwortlichkeit nach oben sind die tragenden Pfeiler, Freiheit, Ehre und Gleichberechtigung im Rat der Völker die festen Mauern dieses Staatsgebäudes. Daß es in der Geschichte über die Stürme der Zeit ...» Der Exkronprinz bekannte sich also offen zum Führerprinzip und verstärkte durch seine öffentliche Einlassung die nationalsozialistische Propaganda zur Volksabstimmung und Reichstagswahl. Machtan möchte das offenbar nicht wahrhaben. Ihm zufolge hat Wilhelm Hitler zwar nach wie vor bewundert, gesagt, «man müsse mit den Nazis paktieren» und «um die Seele Hitlers ringen». Aber «kann man die Position, die unser Held da Ende November 1933 vertreten hat, für bare Münze nehmen» (S. 211)?

Lässt man sich ein auf Machtans Buch, sein Cover, seine flapsige Sprache, seine Verhöhnung des «Protagonisten», seine Vorstellung, nicht Analyse, eines angeblich «verzwergten Prinzenlebens» (S. 239), lautet die Antwort: Nein. Liest man jedoch nur die Tatsachen, die Machtan gut und richtig aus den bis auf wenige Ausnahmen bekannten Quellen berichtet – Neues bieten nur die Briefe Cecilies an Louis Ferdinand –, und lässt man sich von seiner zweckgerichtet insinuierenden Darstellung, sie wurde von Georg Friedrich Prinz von Preußen finanziert, nicht täuschen, muss man die Frage bejahen.

Diese klare Antwort der Quellen soll, so der Eindruck, den das Buch hinterlässt, jedoch getrübt werden. Dazu passt, dass das Buch kein Literaturverzeichnis besitzt, in dem auf einen Blick offenbar würde, welche Werke Machtan konsultiert hat und welche nicht. Deshalb muss der Leser, um sich darüber ein Bild zu machen, mühsam die Anmerkungen durchsehen. In die Geschichtsschreibung über die Hohenzollern wird Machtans Buch als ein Auftragswerk eingehen.

5

Ich sage «Ja»!
Der 12. November 1933, der Führerstaat und Kronprinz Wilhelm

Am 14. Oktober 1933 verkündete die Regierung des Deutschen Reichs nicht nur, ihre Vertreter von der internationalen Genfer Abrüstungskonferenz zurückzuziehen, sondern gab auch den bevorstehenden Austritt aus dem Völkerbund bekannt. Er erfolgte fünf Tage später. Gleichzeitig löste die Regierung durch eine von Reichskanzler Adolf Hitler und Reichsinnenminister Wilhelm Frick, nicht aber von Hindenburg unterschriebene «Verordnung des Reichspräsidenten über die Auflösung des Reichstags am 14. Oktober 1933» das Parlament auf und setzte für den 12. November Neuwahlen an sowie, außerdem – und darauf kam es ihr vor allem an –, eine Abstimmung über die Frage «Billigt das deutsche Volk die ihm vorgelegte Politik seiner Reichsregierung und ist es bereit, diese als Ausdruck seiner eigenen Auffassung und seines eigenen Willens zu erklären und sich feierlich zu ihr zu bekennen?». Die Frage war zuvor als abschließender Absatz eines «Aufruf[s] der Reichsregierung» vom 14. Oktober formuliert worden, der die Ehre und die Gleichberechtigung Deutschlands «an internationalen Einrich-

Stimmzettel für den 12. November 1933 mit tendenziösem Hinweis

tungen und Verträgen» forderte.[1] Das «deutsche Volk» solle Gelegenheit erhalten, so Hitler und Frick in der parallel erschienenen «Verordnung des Reichspräsidenten», «selbst zu den gegenwärtigen Schicksalsfragen der Nation Stellung zu nehmen und seiner Verbundenheit mit der Reichsregierung Ausdruck zu geben».[2]

Das Ganze war von langer Hand vorbereitet und keineswegs ein spontaner Schritt, unternommen wegen angeblicher «Demütigungen und entehrenden Zumutungen der anderen Mächte» am Genfer Verhandlungstisch, wie die Nationalsozialisten behaupteten.[3] Schon am Morgen des 15. Oktober war der offensichtlich im Voraus und in großem Format gedruckte «Aufruf der Reichsregierung» zumindest «an allen Reklamesäulen Berlins zu lesen».[4] Dass diese Plakate über Nacht entworfen, gedruckt und gleich noch geklebt worden waren, ist wenig wahrscheinlich.

Die Wahlen am 5. März 1933, die auf eine Forderung Hitlers hin der NSDAP vom Reichspräsidialamt zugestanden worden waren, hatten den Nationalsozialisten ja keine absolute Mehrheit eingebracht – trotz eines gewaltigen Propagandaaufwands und der gewalttätigen Unterdrückung aller anderen Parteien durch SA, SS und eine Polizei, die sich seit dem 30. Januar weitgehend in den Händen der Nazi-Führung befand. Bei einer Rekordwahlbeteiligung von 89 Prozent stimmten lediglich 43,9 Prozent der Wähler für die NSDAP. Nur mit den acht Stimm-Prozenten der «Kampffront Schwarz-Weiß-Rot» Alfred Hugenbergs, Franz von Papens und Franz Seldtes, der vormaligen Deutschnationalen Volkspartei (DNVP), reichte es für eine «nationale» Mehrheit unter Führung der Nationalsozialisten. Ungeachtet des SA- und SS-Terrors hatten 56 Prozent der Wähler nicht für die NSDAP gestimmt.

Dass dies die Nazis trotz des Getöses von einem «gloriosen, überwältigenden Triumph» bei der Wahl und der Behauptung «Wir sind die Herren im Reich und in Preußen» nicht erfreute,[5] offenbarte zehn Tage später die Rede von Reichspropagandaminister Joseph Goebbels vor Vertretern der Presse, in der es hieß: Die Regierung werde «auf die Dauer nicht damit zufrieden sein können, 52 Prozent hinter sich zu wissen» – die acht Prozent der «Kampffront Schwarz-Weiß-Rot» addierte Goebbels als Stimmen der Nazis hinzu –, «um damit die übrigbleibenden 48 Prozent zu terrorisieren (! JL), sondern sie wird ihre nächste Aufgabe darin sehen, die übrigbleibenden 48 Prozent für sich zu gewinnen … Es genügt nicht, die Menschen mit unserem Regiment mehr oder weniger auszusöhnen, sie zu bewegen, uns neutral gegenüberzustehen, sondern wir wollen die Menschen solange bearbeiten, *bis sie auch ideenmäßig einsehen, daß das, was sich heute in Deutschland abspielt, nicht nur hingenommen werden muß, sondern auch hingenommen werden kann*».[6] Das war eine klare, unmissverständliche Ansage zu dem, was folgen würde. Über die Pressevertreter notierte Goebbels anschließend in selbstbewusster Offenheit in sein Tagebuch: «Viele von denen, die hier sitzen, um öffentliche Meinung zu machen, sind dazu gänzlich ungeeignet. Ich werde sie bald ausmerzen.»[7]

«Mit der Wählerei», ließ der Berliner Gauleiter wissen, sei es nun «endgültig zu Ende». Die Nationalsozialisten besäßen «die Macht, um sie zu gebrauchen» und um «die absolute Gleichschaltung zwischen Regierung und Volk» zu vollziehen.[8] Nach der Wahl vom 5. März begannen sie umgehend damit, den Staat in ihrem Sinn einzurichten, ihn Hitler und der Partei zu unterwerfen, und ebenso alle diejenigen zu unterjochen oder «auszumerzen», die der NSDAP und ihren Zielen ablehnend oder auch nur verhalten gegenüberstanden. Wie dies zu vollziehen war, hatte Hermann Göring in Preußen nach dem 30. Januar vorgeführt. Dass all dies ganz offen gesagt wurde und nicht misszuverstehen war, hat Göring deutlich, voller Überzeugung und stolz während seiner Vernehmung im Nürnberger Prozess 1946 ausgesagt.[9]

Am 11. März fielen die Farben Schwarz-Rot-Gold, die Zeichen von Demokratie, Republik und Parlamentarismus, auf Drängen der Nazis einem Erlass des Reichspräsidenten Hindenburg zum Opfer und wurden durch die kaiserlich-konservative schwarzweiß-rote und – gleichberechtigt – die Hakenkreuzfahne ersetzt. Das war mehr als ein bloß symbolischer Akt. Es war eine richtungsweisende Wegmarke der Hitler-Partei, deren Flagge nun über dem gesamten Deutschen Reich wehte. «Welch ein unausdenkbarer Triumpf (sic!)», jubelte Goebbels.[10]

Das Reich war zu diesem Zeitpunkt bereits ein Staat mit zielgerichtet geschwächter Verfassung, in dem es kaum Länderparlamente mehr gab, zerschlagen von Nationalkonservativen, darunter der Exkronprinz Wilhelm, und den Nazis. Der sich in den Länderregierungen kristallisierende föderative Teil des republikanischen Verfassungsstaates, der gegenüber der Reichsregierung Widerstandsrechte und -möglichkeiten besaß, sollte und musste, so die Nationalsozialisten, einer «starken Zentralgewalt» weichen, wie es in Hitlers *Mein Kampf* gefordert war. Die Nationalkonservativen stimmten mit dieser Absicht überein.

Preußen, durch von Papens «Preußenschlag» schon einem Reichsstatthalter unterstellt, war schon am 6. Februar durch die endgültige Absetzung seiner Regierung durch die nationalsozialistisch kontrollierte Reichsregierung der «nationalen Konzentration» gleichgeschaltet worden.[11] Mitte Februar war dies auch in den Ländern Thüringen, Mecklenburg-Schwerin, Oldenburg, Braunschweig, Anhalt, Lippe und Mecklenburg-Strelitz der Fall, in denen die Nationalsozialisten in die Regierung gelangt waren.[12] Es folgte am Abend des 5. März die Einsetzung eines Reichskommissars in Hamburg. «Warum soll das nicht überall anderswo auch möglich sein? Jetzt, wo die Feinde am Boden liegen, müssen wir durchgreifen und die Situation ausnützen», legte Goebbels das Vorgehen der Nazis durch seine in seinem Buch *Vom Kaiserhof zur Reichskanzlei* publizierten Tagebucheintragungen offen.[13] Am 8. März wurden widerstandslos nationalsozialistische Reichskommissare in Baden, Sachsen und Württemberg eingesetzt. Am 9. März erhielt Bayern mit dem alten Parteigenossen Franz Xaver Ritter von Epp einen Reichskommissar, am 5. Mai als letztes Land Hessen den Reichskommissar Jacob Sprenger; es ist der Mann, der neben Hitler auf dem bekannten, weit verbreiteten Foto um den «Ersten Spatenstich für die Reichsautobahn» zu sehen ist.

Die staatsstreichartige Ausschaltung der Länder durch die nationalsozialistische Reichsregierung war aufgrund der Verordnung des Reichspräsidenten zum Schutz von Volk und Staat vom 28. Februar 1933, der «Reichstagsbrandverordnung», möglich geworden. Handhabe dazu bot der von dem nationalsozialistischen Reichsinnenminister Frick hineinformulierte Paragraph 2: «Werden in einem Lande die zur Wiederherstellung der öffentlichen Sicherheit und Ordnung notwendigen Maßnahmen nicht getroffen, so kann die Reichsregierung insoweit die Befugnisse der obersten Landesbehörde vorübergehend wahrnehmen.» Die Ausschaltung lief nach dem immer gleichen Muster ab: Zunächst veranstalteten mit Wissen und Zustimmung der NS-Parteiführung SA und SS eine Orgie der Gewalt in Stadt und Land gegen die die Länderregierungen machtlos waren. Sodann setzte Frick mittels Paragraph 2 der «Reichstagsbrandverordnung» einen Parteigenossen als Reichkommissar ein – und in der Folge kommandierten die Nationalsozialisten ab Mitte März 1933 nahezu die gesamte Exekutive in den Ländern und im Reich.

Die Macht, die die NSDAP in der Regierung, im Reichstag und in den Ländern aufgrund der «Reichstagsbrandverordnung» vom 28. Februar besaß, vergrößerte die Partei noch durch das «Gesetz zur Behebung der Not von Volk und Reich» vom 24. März 1933. Das «Ermächtigungsgesetz», wie es genannt wurde, gab den Nationalsozialisten vermittels der Formulierung des Artikels 1, Satz 1: «Reichsgesetze können, außer in dem in der Reichsverfassung vorgesehenen Verfahren, auch durch die Reichsregierung beschlossen werden» und unter Missachtung der zweiten Hälfte von Artikel 2, Satz 1: «Die von der Reichsregierung beschlossenen Reichsgesetze können von der

Reichsverfassung abweichen, soweit sie nicht die Einrichtung des Reichstages und des Reichsrates als solche zum Gegenstand haben», nun die Möglichkeit, willkürlich, ungehindert und pseudo-legal gegen alle und alles ihnen und ihren Zielen Entgegenstehende vorzugehen.[14] Sie waren jetzt, wie Goebbels frohlockte, «auch verfassungsmäßig die Herren des Reiches»,[15] und sie nutzten ihre Macht alsbald, um alle anderen Parteien aufzulösen.

In Preußen hatte Göring sofort nach dem Reichstagsbrand in der Nacht vom 27. auf den 28. Februar «einen großen Feldzug gegen die roten Parteien eröffnet», der «mit ihrer vollständigen Vernichtung», so der Sprachgebrauch der Nazis, der nichts an Deutlichkeit zu wünschen übrig ließ, enden sollte.[16] Parallel dazu wurden die parteinahen Zeitungen, zuerst die von KPD und SPD, Rote Fahne und Vorwärts, dann peu à peu die aller übrigen nicht nationalsozialistischen Parteien, Verbände, Einrichtungen eingestellt und verboten. Bereits nach dem Reichstagsbrand war die Verhaftung tausender KPD-Funktionäre, die Beschlagnahmung des Parteieigentums sowie die Liquidierung aller Vermögenswerte der Kommunisten erfolgt. Mit dem «Gesetz über die Einziehung kommunistischen Vermögens» vom 26. Mai 1933 wurde dieses Vorgehen nachträglich legitimiert.[17] Am 22. Juni erklärte Reichsinnenminister Frick auch die SPD zur «volks- und staatsfeindlichen Partei» und verbot den Sozialdemokraten gestützt auf die «Reichstagsbrandverordnung» vom 28. Februar jede weitere parteipolitische Tätigkeit.[18]

Auf Druck der Nationalsozialisten musste sich keine Woche später die DNVP, deren Stimmen in der «Kampffront Schwarz-Weiß-Rot» der NSDAP erst die Mehrheit im Reichstag eingebracht hatten, selbst auflösen. Dies geschah am 27. Juni 1933. Zuvor waren mehrere DNVP-Mitglieder, darunter der Historiker Martin Spahn (1875–1945), einer der Biographen des «Großen Kurfürsten von Brandenburg», in die Nazi-Partei eingetreten. Tags darauf musste sich auch die Staatspartei, die ehemalige Deutsche Demokratische Partei (DDP), «freiwillig» auflösen. Am 4. Juli folgte die Deutsche Volkspartei (DVP), am 5. Juli gab das Zentrum, ehe es verboten wurde, lieber selbst auf.[19]

Das aus nur zwei Paragraphen bestehende, von Hitler, Frick und dem Reichsminister der Justiz Franz Gürtner unterschriebene «Gesetz gegen die Neubildung von Parteien» vom 14. Juli bestimmte schließlich in § 1 «In Deutschland besteht als einzige politische Partei die nationalsozialistische Deutsche Arbeiterpartei», und stellte in § 2 die Aufrechthaltung eines organisatorischen Zusammenhalts einer anderen Partei oder die Neugründung einer Partei unter Zuchthaus- oder Gefängnisstrafe von bis zu drei Jahren.[20] Damit, so behauptete die Nazi-Propaganda, «entsprach endlich dem einheitlichen Wollen des Volkes auch seine politisch-organisatorische Formgebung».[21]

Am selben Tag wurde auch das «Gesetz über Volksabstimmung» verkündet, nach dem die Reichsregierung «das Volk befragen» konnte, «ob es einer von der Reichsregierung beabsichtigten Maßnahme zustimmt oder nicht» (§ 1,1), und das im Fall der Zustimmung in Verbindung mit Artikel 3 des «Ermächtigungsgesetzes» der «Maßnahme» der Reichsregierung Gesetzeskraft verlieh.[22] Ebenfalls am 14. Juli war auch das «Gesetz zur Verhütung erbkranken Nachwuchses» verabschiedet worden,[23] auf dessen Grundlage nun bis zum Ende der Nazi-Herrschaft Zwangssterilisierungen vorgenommen wurden. Das «Gesetz zur Wiederherstellung des Berufsbeamtentums» hatte man bereits eine Woche zuvor, am 7. Juli beschlossen.[24] Es war das Instrument der Nationalsozialisten, jüdische Deutsche, verbliebene Widersacher und politische Gegner durch die Formulierungen «Beamte, die nicht arischer Abstammung sind» (§ 3,1), sowie «Beamte, die nach ihrer bisherigen politischen Betätigung nicht die Gewähr dafür bieten, daß sie jederzeit rückhaltlos für den nationalen Staat eintreten» (§ 4,1), in den Ruhestand zu versetzen oder aus dem Dienst zu entlassen. Und seither hatten sie von diesem Mittel rücksichtslos Gebrauch gemacht, was, weil die Pensionierungen und Entlassungen in den Zeitungen stolz vermeldet wurden, keinesfalls unbemerkt geblieben war.

So stellte sich, grob umrissen, nach dem Abbruch der Genfer Verhandlungen am 14. Oktober 1933 und dem angekündigten Austritt aus dem Völkerbund die Situation in Deutschland in den Wochen vor dem Abstimmungs- und Wahltag am 12. November dar.

Sich Herrschaftsakte wie Verhandlungsabbruch und Völkerbundaustritt durch das «zuverlässige positive Votum einer erdrückenden Bevölkerungsmehrheit» bestätigen zu lassen, gehörte, wie Karl Dietrich Bracher hervorhob, «zu den wichtigsten Stützen jener These von der Einheit von Volk und Führung, mit der die nationalsozialistische Staatsallmacht begründet [und] gerechtfertigt wurde». Wie «jedes totalitäre Regime der neueren Zeit» wollte die nationalsozialistische Regierung «durch ein System pseudoplebiszitärer Akklamationsakte die formale ‹Legalität› der neuen Ordnung ... mit der ‹Legitimität› der allgemeinen Zustimmung» ausstatten. Die nationalsozialistische Partei sollte, wie ihre Führung vorgeben wollte, «ihre Macht durch und mit dem Willen der Nation» erhalten haben.[25]

Auf diese Weise sollten ein für alle Mal die seit dem 30. Januar mit Terror und Gewalt erfolgten «Gleichschaltungsmaßnahmen» legitimiert werden, was Goebbels am 15. Oktober auch freimütig zugab: «Das deutsche Volk», so der Propagandaminister über den Sinn der Volksabstimmung, «steht geschlossen hinter seinem Führer Adolf Hitler. Das weiß in Deutschland jedes Kind; doch die Welt will es nicht glauben; und weil sie es nicht glaubt, wollen wir es ihr beweisen. Vom 12. November an wird es nicht mehr möglich sein, daß ein Wortverdreher aufsteht und sagt, daß in Deutschland ein Terrorregime herrscht.»[26] Und am 20. Oktober verkündete Goebbels im Berliner Sportpalast: «Ich bin überzeugt, daß sich die ganze Nation feierlich zu unserer Politik bekennt. Dann werden auch die Staatsmänner der anderen Völker allmählich einsehen, daß … der gegenwärtige Zustand in Deutschland eine feststehende Tatsache ist, an der nichts mehr geändert werden kann, …».[27] Bei der Reichstagswahl gehe es «um nicht mehr und nicht weniger als die *klare Entscheidung zum Gesamtwerk Adolf Hitlers*».[28]

Ein Kommentator der bis November 1933 noch nicht vollständig gleichgeschalteten Vossischen Zeitung hatte dies durchschaut und bemerkte dazu, die Lage in Deutschland scharfsinnig reflektierend, ebenfalls am 15. Oktober[29]:

«Bei der Volksabstimmung am 12. November wird die beabsichtigte Maßnahme durch eine ganze Gruppe der Maßnahmen dargestellt, wie sie sich aus dem Begriff der dem Volke vorgelegten gesamten Politik der Reichsregierung als beabsichtigt ergeben. … Auf die vorgelegte Frage kann nur mit ‹Ja› oder ‹Nein› geantwortet werden. … Bei der Reichstagswahl handelt es sich nur mittelbar um ein Plebiszit: Im Vordergrund steht vielmehr die Bestellung der Repräsentanten des Volkswillens. Allerdings hat sich der Charakter des Reichstags durch die nationalsozialistische Revolution völlig verändert. Er ist nicht mehr Hauptfaktor der Gesetzgebung, sondern im wesentlichen Forum für die Verkündung besonders wichtiger, feierlicher Entscheidungen. Bei den bisherigen acht Reichstagswahlen stand dem Wähler eine Fülle, ja eine Überfülle von Parteien und Parteigruppen gegenüber, und noch bei der Wahl vom 5. März waren immerhin fünf Parteien vorhanden. Seit dem Reichsgesetz vom 14. Juli 1933 gegen die Neubildung von Parteien ist geltendes Recht in Deutschland, daß *als einzige politische Partei Deutschlands die NSDAP* besteht. … Das geltende Reichswahlgesetz bestimmt, daß Wahlvorschläge einzureichen sind, die in jedem Wahlkreisverband *mindestens 60 000 Unterschriften* haben müssen. Früher wurden nur 500 Unterschriften gefordert, die Verordnung vom 2. Februar 1933 erhöhte die Zahl auf 60 000. Nur die im Reichstag bereits vertretenen Parteien sind von dieser Erschwerung befreit. Als eine im Reichstag vertretene Partei gilt jedoch nur die Nationalsozialistische Partei, weil, wie gesagt, durch das Reichsgesetz vom 14. Juli 1933 sie als einzige Partei anerkannt ist. Würde also irgendeine Gruppe von Personen auftreten und einen von 60 000 Unterschriften begleiteten Wahlvorschlag einreichen, so würde der Wahlleiter diesen Vorschlag zurückzuweisen haben, weil darin der Versuch einer Neubildung einer politischen Partei zu erblicken wäre, und weil dadurch gegen das Gesetz vom 14. Juli 1933 verstoßen würde. Eine ungesetzliche Willensbildung jedoch kann von dem durch das Gesetz bestimmten und verpflichteten Wahlleiter nicht anerkannt werden. Wenn, wie anzunehmen ist, nur ein einziger Wahlvorschlag dem Wähler unterbreitet wird, so nähert sich auch von dieser Seite der Charakter der Reichstagswahl des 12. November dem Wesen einer Volksabstimmung. Diese *Einheitsliste*, die übrigens nicht nur Parteimitglieder aufzuweisen braucht, wird dem Wähler zur Billigung vorgelegt.»

Das war eindeutig: Im Grunde gebe es keine Wahl! Und am 22. Oktober legte die Vossische Zeitung noch einmal nach: Die bevorstehenden Wahlen seien «in ihrer Art ohne geschichtlichen Vorgang. Es wird nur eine einzige Liste dem Wähler unterbreitet, eine Liste, die er annehmen oder ablehnen kann.»[30] Dies war sogar euphemistisch formuliert, denn tatsächlich konnte man die Liste nicht ablehnen. Wenn der «Stimmzettel» nicht angekreuzt war, wurde er ungültig!

Dass die «Wahl» lediglich die Nationalsozialistische Partei autorisieren, sie mit dem Staat gleichsetzen sollte, wurde auch aus dem Buch «Mit Hitler in die Macht» des Reichspressechefs der NSDAP Otto Dietrich deutlich. Darin hieß es: «Die nationalsozialistische Partei hat den Staat von innen heraus erobert. Daß sie das neue Deutschland auch *staatlich* repräsentiert, daß die Staatsidee der N. S. D. A. P. nicht nur der geistige Inhalt, sondern auch die Organisationsform des neuen Staates sein muß, ist nur eine logische Folgerung.» Und weiter: «Wie die Idee des Nationalsozialismus eine Totalität ist, die dem deutschen Gedanken schlechthin entspricht und seinen reinsten und edelsten Ausdruck darstellt, so ist die N. S. D. A. P., als die Organisation der Willensträger dieser Idee, eine politische Einheit, die in ihrer ganzen Struktur nach zum Staate in kein andres Verhältnis treten kann als in das der Identität.»[31] Dietrichs Buch war Anfang Oktober 1933, jedenfalls vor dem 15. Oktober erschienen und wurde von ihm seit dem 24. Oktober mehrere Male im Rundfunk und reichsweit in den Zeitungen vorgestellt.[32] Es verkaufte sich rasch und gut, acht Auflagen in nicht einmal einem Jahr.

Am 16. Oktober stellte die Vossische Zeitung, wie fast alle anderen Zeitungen auch, den vom Innenministerium vorgelegten grünen Stimmzettel für die Volksabstimmung vor.[33] Dieser enthielt aufgedruckt die Frage: «Billigt das deutsche Volk die ihm im Aufruf der Reichsregierung vom 14. Oktober 1933 vorgelegte Politik der Reichsregierung und ist es bereit, diese als den Ausdruck seiner eigenen Auffassung und seines eigenen Willens zu erklären und sich feierlich zu ihr zu bekennen?» Darunter befänden sich die Wörter «Ja» und «Nein» und zwei Quadrate, die je einen Kreis enthielten, den der Wähler seiner Meinung entsprechend ankreuzen könne. Am 18. Oktober ließ Reichsinnenminister Frick den Text auf dem Abstimmungszettel jedoch ändern. Nun lautete die abgedruckte Frage: «Billigst Du, deutscher Mann, und Du, deutsche Frau, diese Politik Deiner Reichsregierung, und bist Du bereit, sie als den Ausdruck Deiner eigenen Auffassung und Deines eigenen Willens zu erklären und Dich feierlich zu ihr zu bekennen?»

Dies sei bemerkenswert, kommentierte die Vossische Zeitung in ihrem Aufmacher vom 20. Oktober.[34] Zuerst habe die Frage auf den Aufruf der Reichsregierung vom 14. Oktober Bezug genommen, der die Abkehr von den Genfer Abrüstungsverhandlungen und den Völkerbundaustritt zum Inhalt hatte. «Die Frage an den Wähler war also auf diese beiden Punkte spezialisiert, die Volksabstimmung in dieser Form umfaßte das Gebiet der Außenpolitik oder richtiger auf diesem Gebiet eine Frage von grundlegender Bedeutung. Die neue volkstümliche Form der Fragestellung an das deutsche Volk ist dagegen allgemein gehalten. Sie spricht einfach von der Politik der Reichsregierung und umfaßt damit das gesamte Gebiet des öffentlichen politischen Lebens.» Das war nicht nur ein deutlicher, sondern ein bedeutender Unterschied! Am folgenden Tag ließ die Reichsregierung zwar mitteilen, «daß ihr Aufruf an das deutsche Volk vom 14. Oktober 1933 seinem vollen Wortlaut nach in den Stimmzettel aufgenommen» werde, doch dies geschah nicht, war wohl auch ernsthaft nicht gewollt.[35] Denn gerade die uneingeschränkte, umfassende Zustimmung sollte Hitler und die Nationalsozialisten, wie Göring in Nürnberg aussagte, vor dem Ausland und vor allem aber auch nach innen legitimieren.[36]

Dafür wurden «Richtlinien für den Wahlsonntag» herausgegeben: Fahnenschmuck ab dem 10. November «auch im allerletzten Hause»; Weckruf des deutschen Volkes durch die Jugend um 7:00 Uhr morgens am Wahltag, Umzug «unter Vorantritt des Trommlerkorps» mit Sprechchören der Jugend an jeder Ecke, «Sprechchöre gehen den Schulleitern zu», mit Transparenten «in reichlichem Maße»; organisierte Frühwahl, die «einen spontanen und demonstrativen Charakter haben» müsse, damit Kriegsbeschädigte, Invalide, Kranke früh wählen, müsse ein Automobildienst organisiert werden; das «auf Anordnung des Führers» herausgegebene «sichtbar zu tragende[s]» Wahlabzeichen, das nach der Wahl für fünf Pfennig zu erwerben sei, «als Ausweis», dass der Betreffende «seiner Wahlpflicht genügt hat», durch diese «restlose Erfassung aller ihrer Wahlpflicht nachgekommenen Volksgenossen mit der Wahlplakette» werde «der Kontrollakt des Schlepperdienstes wesentlich erleichtert». Der Schlepper habe Volksgenossen, die noch nicht gewählt hätten, «in stündlichen Abständen um 1, 2, 3 und 4 erneut zu besuchen und zu kontrollieren», dazu stünden ihm «S. A. und S. A.-Reserve zur Verfügung».[37] An den Bahnhöfen und Posthaltestellen der Stadtausgänge «baten» Angehörige der Wehrverbände «jeden Ausreisenden ..., ihren Wahlschein bzw. das Abzeichen vorzuzeigen oder erst der Wahlpflicht zu genügen».[38]

Am 24. Oktober eröffnete Hitler im Sportpalast die Wahlkampagne der NSDAP, die wie alle anderen Wahl- und Abstimmungsmaßnahmen der Partei darauf zielte, die gesamte Bevölkerung plakativ hinter sich zu vereinen. Die überfüllte Veranstaltung – der Sportpalast öffnete um 16:00 Uhr seine Eingänge für das Publikum und musste sie, außer für Ehrengäste, eine halbe Stunde später schon wieder schließen – wurde in 65 große und mittlere Versammlungssäle in Berlin übertragen, zudem reichsweit im Rundfunk.

Ihm und der Regierung gehe es um Frieden, Recht und Ehre, behauptete Hitler zu Beginn und am Ende seiner Rede.[39] Außerdem: Deutschland habe den Weltkrieg nicht gewollt, der Versailler Vertrag habe keine Rücksicht «auf die primitivste Vernunft» genommen, die alliierte Politik der Reparationen habe im Reich zu einem «Millionenheer von Arbeitslosen» geführt, der Friedensvertrag habe keinen Frieden gebracht, die Rüstungen der Mächte, Deutschland ausgenommen, seien stetig gesteigert worden. Die Folgen für das deutsche Volk seien «eine grauenhafte materielle Not» und «eine nicht minder große moralische Verzweiflung und Not» gewesen. Durch die Politik der Sieger seien Treu und Glauben und «die Wirtschaft einer ganzen Nation ... zerstört worden», mit dem Ergebnis, dass es sieben bis acht Millionen Erwerbslose im Land gebe; eine «Vernichtung unserer gesunden Menschen», so Hitler. «Der Weg, den Europa ging, war der Weg in den Bolschewismus hinein. Und was dieser Bolschewismus für Europa bedeutet hätte, brauche ich nicht auszumalen.»

Dann, an zentraler Stelle seiner Rede angelangt, kam Hitler

auf die Leistungen der nationalsozialistischen Regierung zu sprechen. Ganz klar sei,

«daß in Deutschland, wenn überhaupt eine Rettung kommen sollte, der Kampf gegen diese Entwicklung aufgenommen werden mußte. Wir haben ihn nun aufgenommen. … Wir haben versucht, das deutsche Volk von diesem Abgrund wieder zurückzureißen. … Als wir am 30. Januar mit der Bildung der Regierung beauftragt wurden, wußten wir alle, daß eine Zeit unerläßlicher Arbeit begann. … Wir haben das große Programm aufgestellt mit dem ersten Ziel: Kampf dem Marxismus, Kampf dem Kommunismus. Denn wir sahen in ihm die Vernichtung des deutschen Volkes und sahen in ihm vor allem den Ruin des deutschen Arbeiters.

Wenn ich mich gegen die Kommunisten wandte, dann nicht wegen der 100 000 Bourgeois – das konnte gleichgültig sein, ob die zugrunde gehen oder nicht –, wir taten es, weil wir das ganze deutsche Volk hier vor dem Ruin sahen, die Millionen seiner schaffenden Menschen und die Arbeiter in erster Linie mit.

Man wird nicht bestreiten können, daß wir diesen Kampf heroisch und mutig durchgeführt haben.

Und wir machten auch hier vor gar nichts Halt. Man konnte auch hier nicht sagen, ja sie wenden sich nur gegen die einen und nicht gegen die anderen, nein, das haben wir nicht getan. Wir haben das Programm aufgestellt, daß wir nur eine Einheit kennen und wer sich dagegen wendet, ist unser Feind und wird von uns bekämpft, er mag stehen, wo er mag. [Stürmischer Beifall.] Und aus dieser Gesinnung heraus fassen wir als weiteren Punkt auf den Kampf gegen die Klassenspaltung, den Kampf gegen den Klassenkampf. Und auch hier kann man nicht sagen, ihr habt euch nur gegen die eine Seite gewendet, wir haben sie alle zerschlagen und beseitigt, die auf ihre Klasse pochten und damit als politische Armee in Erscheinung treten wollten, links und rechts.

Wir sind genauso vor den Arbeiter hingetreten und haben ihm erklärt: Volksgenosse, du musst zu deinem Volk zurück. Du kannst dich nicht als Klasse absondern von denen, die zu Dir gehören, mit denen du leben musst und ohne die du auch zugrunde gehst.

Wir sind aber genauso auch hingegangen zu unseren Intellektuellen und haben ihnen nicht weniger gesagt: Laßt euren Standesdünkel, laßt eure Parteien der Vereinsamung! Bildet euch nicht ein, daß ihr besser seid. Und wir haben ihre Parteien genauso zerbrochen, wie wir die anderen zerbrochen hatten.»

Im Mittelpunkt des gesamten «Werbefeldzugs», wie die Vossische Zeitung die Wahlpropaganda bezeichnete, standen «diejenigen Wähler, die sich – sei es vor, sei es nach dem 30. Januar – *noch nicht* zum Nationalsozialismus bekannt haben.» Von ihnen werde erwartet, was bei den anderen selbstverständlich sei, «daß sie nicht nur die außenpolitische Entscheidung der Regierung decken, was den wenigsten schwerfallen wird, sondern daß sie die *Liste Hitler* wählen».[40]

In den Zeitungen wurde die Rede des Reichskanzlers nicht in allen Einzelheiten wiedergegeben. Wer die Ansprache aber am Radio, in den Veranstaltungssälen oder im Sportpalast gehört hatte in ihrer martialisch-rücksichtslosen Wortwahl und ihrem drohenden Vortrag, der musste wissen, welchen Sinnes Hitler und seine nationalsozialistische Regierung und Partei waren, musste wissen, dass es nicht nur um Ehre, Frieden, Gleichberechtigung ging, wie Hitler vorgab, sondern dass in Deutschland jeder, der sich der nationalsozialistischen «Bewegung» in den Weg stellte, «bekämpft», «zerschlagen», «beseitigt», «zerbrochen», «vernichtet», «ausgerottet» werden würde.

Auch der Exkronprinz des Deutschen Reichs musste das wissen, denn er hatte sich unter den Zuhörern im Sportpalast befunden. Er war gegen 19 Uhr «in der Uniform des alten Heeres»[41] respektive «in Stahlhelmuniform mit seiner Begleitung erschienen»[42] und hatte in der ersten Logenreihe Platz genommen. Dort war für ihn ein Platz reserviert worden. Wilhelm war «mit Händeklatschen und Heilrufen begrüßt» worden und hatte «immer wieder für die Kundgebungen danken» müssen.[43] Er stellte damit ein weiteres Mal bei einer Großveranstaltung unter Beweis, dass er bewusst für die nationalsozialistische Sache aufund eintrat, wie seit dem 30. Januar schon bei dem von Goebbels inszenierten Staatsbegräbnis für den SA-Mann Hans Maikowski und den Polizisten Josef Zauritz im Berliner Dom am 5. Februar, beim «Tag von Potsdam» am 21. März, beim 3. Waffentag der deutschen Kavallerie in Düsseldorf am 2. und 3. Juli, bei der Einweihung des Langemarck-Denkmals in Naumburg am 6. September oder während der endgültigen Eingliederung des Stahlhelm in die SA in Hannover am 24. September.

Im November aber ging der Exkronprinz noch über sein stetes symbolträchtiges Erscheinen als Repräsentant Preußens und den Einsatz seiner rechtskonservativen Werte sowie seiner Person für die nationalsozialistische Idee hinaus.[44] Er warb nicht nur «indirekt», durch sein Auftreten, für das Nazi-Regime, sondern ganz direkt – durch Worte, verbunden mit seinem Namen. In verschiedenen Zeitungen ließ er kurz vor der Abstimmung zum feierlich von den Nazis begangenen zehnten Jahrestag des versuchten «Hitler-Putschs» am 9. und 10. November 1933 den Artikel «Novembertage» veröffentlichen, einen zielgerichteten politischen Beitrag, der seine innere Einstellung sowie sein Denken, Wollen und Handeln in hohem Maß offenbarte.[45] Er tat dies, um Hitler und die nationalsozialistische Bewegung zu unterstützen – obgleich er seit dem 23., beziehungsweise dem 24. März 1933 aus den Zeitungen nach Hitlers Reichstagsrede, spätestens dem 4. August 1933, nach einer Unterredung mit Goebbels beim Frühstück, wusste, dass es keine Wiederherstellung der Monarchie, auf die er vielleicht gehofft hatte, mehr geben würde. In seiner Regierungserklärung zu Programm und «Ermächtigungsgesetz» hatte Hitler ausgeführt: «Die nationale Regierung sieht im Hinblick auf die jetzt im Volk herrschende Not die Frage einer monarchischen Restauration als undiskutabel an … Sie würde den Versuch einer Lösung dieses Problems auf eigene Faust in einzelnen Ländern als Angriff auf die Reichseinheit betrachten und demgemäß ihr Verhalten einrichten.» Der Wortlaut der Rede war am 24. März in fast allen Tageszeitungen nachzulesen.[46] Und der Propagandaminister hatte Wilhelm in Heiligendamm dies ebenfalls unumwunden ins Gesicht gesagt. «Frage der Monarchie. Die glauben alle an ihre Restaurierung. Ich habe keinen Hehl gemacht. Wäre unsere größte Dummheit», notierte Goebbels nach dem Gespräch.[47]

Wilhelms Artikel begann mit seiner Konturierung der bedeutendsten Novembertage «im letzten Vierteljahrhundert deutscher Geschichte». Vier an der Zahl waren dies seiner Meinung nach: der 10. November 1908, an dem «der Parlamentarismus marxistisch-demokratischer Prägung» durch den Aufruhr, den die *Daily-Telegraph-Affäre* im Reichstag verursachte, «seinen ersten folgenschweren Sieg über das im Träger der Krone ver-

Deutsche Freiheit

Einzige unabhängige Tageszeitung Deutschlands

Nummer 53 — 1. Jahrgang | Saarbrücken, Sonntag/Montag, 20./21. Aug. 1933 | Chefredakteur: M. Braun

Hängt den Mantel nach dem Winde!
Andre Fahne aus dem Spinde!
Stimmt am neuen Lied die Kehle!
Munter wechselt Rock und Binde,
tauscht doch selbst der Baum die Rinde! –
Sie nur bleibt: die Hundeseele!
Carl Albert Lang.

„Feine Leute" unter sich ...

Oder: dafür ist SA. marschiert!

Ruhe vom Alltag

Die Schweiz

Ernüchterung und Mißtrauen

Von Dr. Thorwesten

Kraftprobe Berlins

Die Aufregung in Paris
Völkerbund oder Sanktionen?

Französische Presse fordert

„Le Figaro":

„L'Ere Nouvelle":

„L'Echo de Paris":

„Le Temps":

„Le Petit Parisien":

Das Foto mit beigefügter Bildunterschrift versandte eine deutsche Agentur an die gleichgeschaltete Presse. Am nächsten Tag folgte die Anweisung, das Bild nicht zu veröffentlichen, da das Reichsministerium für Propaganda und Volksaufklärung die Wiedergabe doch nicht wünschte.

körperte Persönlichkeitsprinzip» errungen habe; der 9. November 1918, als «das Kaiserreich dem verräterischen Dolchstoß einer ebenso sinnlosen, wie unmännlichen Revolution» erlag. «Knechtschaftsketten» seien der verdiente Lohn gewesen; der 8. bzw. 9. November 1923 mit dem Versuch Hitlers, «die innere Wiederauferstehung der Nation als Voraussetzung für die äußere Befreiung durch Kampf zu erzwingen». Der «Versuch» sei durch Verrat fehlgeschlagen; sowie der bevorstehende 12. November 1933, «an dem das endlich erwachte Volk» – Wilhelm bediente sich der Nazi-Sprache – «auf die vom Führer gestellte Schicksalsfrage Antwort geben soll». Die erwähnten «geschichtlichen Vorgänge» besäßen «für die politische und seelische Entwicklung» des deutschen Volkes «symptomatische Bedeutung», stünden in «engster innerer Beziehung» zueinander. Es seien «sichtbare Wegmarken an den Wendepunkten eines Weges, der von stolzer Höhe» – dem Kaiserreich – «in tiefste Erniedrigung» – zur Republik – «und wieder empor zu neuem Licht» – dem nationalsozialistischen Staat – hinführe.

In den folgenden Absätzen begründete Wilhelm seine Hervorhebung gerade dieser Novembertage. Daraus geht hervor, dass er die Geschehnisse des 10. November 1908 für so unerhört und verbrecherisch hielt, weil «der im parlamentarisch-demokratischen Mehrheitsprinzip verwurzelte Parteigeist» sich gegen das persönliche Regiment des Herrschers aufgelehnt und «hemmungslos den Deich des autoritären Staates» durchbrochen habe. Eine Einlassung, die ihn eindeutig als Befürworter und Unterstützer eines autoritären, bedenkt man seine Wortwahl, sogar totalitären Regimes ausweist. Weil er den Namen des Kaisers, seines Vaters, nicht nannte, wird zudem offenbar, dass er dieses Datum nicht aus familiärer oder gar persönlicher Bitterkeit verdammte, nicht, da die Hohenzollern und damit auch er die Macht im Staat verloren hatten, sondern weil verhasste demokratische Entwicklungen den autoritären Staat unterspült und aufgeweicht hatten. Denn an diesem Tag sei, so Wilhelm, «mit dem Repräsentanten der monarchischen Staatsform die Staatsidee selbst» preisgegeben worden. Es sei «ein bitterböses Vorzeichen» für spätere Auseinandersetzungen gewesen, dass – und hier zitierte er aus Hitlers *Mein Kampf*, den er offensichtlich gelesen und dessen Inhalt er aufgenommen hatte –, «in einem Staate, in dem jeder Halbnarr nicht nur das Wort zu seiner Kritik für sich in Anspruch nahm, ja im Reichstag sogar als Gesetzgeber auf die Nation losgelassen wurde, der Träger der Kaiserkrone von der seichtesten Schwätzer-Institution aller Zeiten Verweise und Redeverbote erhalten konnte».[48]

Der 9. November 1918 sei «schließlich die Quittung gewesen für» – hier hielt Wilhelm sich eng an die nationalsozialistische Diktion – «den Machthunger der in der Parlamentsmehrheit zusammengeschlossenen marxistischen und demokratischen Parteien und ihrer unter skrupelloser Verhetzung wachsenden Anhängerschaft im Volke». Dass solches möglich geworden sei, war, schrieb Wilhelm, die Schuld des zu Beginn des Weltkriegs verantwortlichen Reichskanzlers. Wilhelm nannte Theobald von Bethmann-Hollwegs Namen nicht, der «die Lösung der innenpolitischen Probleme nur auf dem Wege einer ‹zielbewußten Evolution› zum parlamentarischen Regierungssystem für möglich» hielt. Dies aber habe «ein ununterbrochenes schrittweises Zurückweichen der politischen Reichsleitung vor den anmaßenden Forderungen und Zumutungen einer durch gesetzliche Einrichtungen und Formen getarnten, im Grunde auf die völlige Beseitigung der konstitutionellen Monarchie hinzielenden Umsturzbewegung» bedeutet. Parlamentarismus bedeutete für Wilhelm, «nicht mehr der einzelne Mann, nicht mehr der Führer gilt», wie sein Freund Göring wenige Tage zuvor in Kiel formuliert hatte, sondern dass «ein Volk sich … vor der Feigheit der Zahl» beugte.[49] Wilhelm zog daraus die Schlussfolgerung: «Weil darauf verzichtet wurde, der marxistisch-internationalen Volksvergiftung mit rücksichtslosem Zugriff Einhalt zu tun» – wieder bedient er sich der Sprache der Nationalsozialisten –, «verloren wir den Krieg.» «Ohnmacht und Verrat» hätten «zu gleichen Teilen die Schuld am verbrecherischen Staatsstreich des 9. November 1918» getragen.

«Fünf Jahre vergingen», fuhr der Exkronprinz fort, «bis ein erster Gegenschlag gegen die Verderber von Volk und Vaterland versucht wurde.» Unternommen von «einem kleinen Häuflein der edelsten und besten Söhne Deutschlands unter Adolf Hitlers Führung» am 8. und 9. November 1923. Sie hätten «das klare und helle Feuer nationaler Selbstbestimmung und seelischer Wiedererstarkung … zur lodernden Flamme offener Empörung entfacht». Doch Verrat habe die helle Zukunft zunichte gemacht. Und ab jetzt wird Wilhelm in seinem Text, der wohl nicht zufällig zuerst am zehnten Jahrestag des «Opfergangs von München» erschien, zum Apologeten Hitlers.[50] «Dem Führer», macht der Exkronprinz sich die Hitlersche Erzählung zu eigen, habe «sein felsenfester Glaube an das deutsche Volk und an seine Bestimmung die Kraft [verliehen], das scheinbar der Vernichtung anheimgefallene Werk auf veränderter und verbreiterter Grundlage als nationale Einheitsfront» – womit er alle Monarchisten und Nationalkonservativen in Hitlers Werk eingemeindet – «aller im Herzen wirklich treuen Deutschen neu aufzubauen». Hitlers seelische Größe, die ihn auch «in Sturz und Unglück nicht wankend werdend ließ», habe ihm «die Anwartschaft auf die Führung des Deutschen Volkes» gegeben.

Und damit zeigte sich Wilhelm vollkommen einverstanden. Nach zehnjährigem Kampf, Wilhelm rechnete hier ab dem Jahr 1923, habe Hitler gesiegt, «das Gebäude des dritten Reiches» errichtet und es fest «im Persönlichkeitsprinzip verankert». Die Idee des nationalsozialistischen Führerstaats deckte sich, das wird deutlich, mit seiner Vorstellung des autoritären Staates. Zu Hitler und dem nationalsozialistischen Führerstaat, der ewig währen solle, so schließt Wilhelm seine bilanzierende Betrachtung, sollten sich jetzt, am 12. November 1933, alle mit einem freudigen «Ja» bekennen. Dies sei «Ehrenpflicht und Dankesschuld zugleich für jeden, sei er, wer er sei, in dessen Brust ein deutsches Herz schlägt».

Der Artikel «Novembertage» macht durch seinen Aufbau und seinen Inhalt Wilhelms Abkehr von der Idee und selbst von der bloßen Hoffnung einer Restauration der Monarchie, gar des Kaiserreichs sehr deutlich. Und ebenso seine Hinwendung zu und sein Einverständnis mit Hitler und dem nationalsozialistischen Führerprinzip. Denn der Exkronprinz sagte nicht nur «Ja!» – das taten viele. Er warb für das «Ja!» am 12. November, warb unter denen, die sich «*noch nicht* zum Nationalsozialismus bekannt» hatten, warb mit den Worten der Nationalsozialisten für den nationalsozialistischen Staat. Er verkündete öffentlich – für alle Welt, vor allem jedoch für diejenigen, die sich nostalgisch noch immer nach den Zeiten der Hohenzollernmonarchie oder des Bismarckreichs sehnten – sich in Einklang mit den Nazis und ihren bislang durchgeführten Maßnahmen der Gleichschaltung und des Staatsumbaus zu befinden. Implizit stimmte er damit auch der Art und Weise zu, wie die Nationalsozialisten ihre Maßnahmen brutal und rücksichtslos durchsetzten. Mit seinem klar und deutlich aufgebauten und strukturierten Text «Novembertage» wollte Wilhelm, es ist kein anderer Schluss möglich, noch unentschlossene, noch nicht überzeugte Konservative und Monarchisten für den «neuen nationalsozialistischen Geist erobern». Sie sollten seinem Beispiel folgen.

Karl Dietrich Bracher stellte schon in seinem 1955 erschienenen grundlegenden Buch «Die Auflösung der Weimarer Republik» für das Jahr 1932 fest, dass der Exkronprinz «nach seinem

Der Exkronprinz und Göring am 5. Februar 1933 vor dem Berliner Dom bei dem von den Nationalsozialisten inszenierten Staatsbegräbnis für den SA-Mann Maikowski und den Polizisten Zauritz.

offenen Heraustreten aus der einst versprochenen Zurückhaltung sich seit der Reichspräsidentenwahl eindeutig für die NSDAP einsetzte».[51] Wilhelm tat dies auch das gesamte Jahr 1933 hindurch: bei dem inszeniertem Staatsbegräbnis für den SA-Mann Maikowski und den Polizisten Zauritz am 5. Februar; während des «Tags von Potsdam» und der Eröffnung des Reichstags am 21. März; beim 3. Waffentag der deutschen Kavallerie am 2. und 3. Juli; bei der Einweihung des Langemarck-Denkmals am 6. September; während der Eingliederung des Stahlhelm in die SA am 24. September; sowie nun neuerlich, mit Bedacht und ganz demonstrativ, durch das «Ja» am 12. November zu Hitler, seiner Regierung und dessen in «Mein Kampf» entworfenem, seit dem 30. Januar immer totalitärer, immer menschenverachtender werdenden nationalsozialistischen Staat. Und auch 1934 trat er, selbst nach dem Augen öffnenden «Röhmputsch», für Hitler und seinen Staat ein.[52] Der sollte, wie Wilhelm am Ende von «Novembertage» nachdrücklich hervorhob, «in alle Ewigkeit Bestand haben».

6

Ein öffentlicher Mann. Der deutsche Kronprinz Wilhelm 1930 bis 1934

Am 1. April 1932, zwei Tage vor Ablauf des «Oster-Burgfriedens», der von Palmsonntag bis zum Weißen Sonntag den Wahlkampf für die entscheidende zweite Runde der Reichspräsidentenwahl untersagte,[1] verkündete der Exkronprinz des Deutschen Reichs in Oels: «Wahlenthaltung im zweiten Wahlgang der Reichspräsidentenwahl ist unvereinbar mit dem Gedanken der Harzburger Front [dem Einigungsversuch der rechtsnationalen Republikgegner, JL]. Da ich eine geschlossene nationale Front für unbedingt notwendig halte, werde ich im zweiten Wahlgang Adolf Hitler wählen.»[2]

Spätestens durch diese Parteinahme war Wilhelm für die Öffentlichkeit endgültig zu einer politischen Figur geworden.[3] «Das Hervortreten des ehemaligen Kronprinzen im politischen Kampf» gegen Demokratie und Republik an der Seite der Nationalsozialisten, die sich unter den Republikgegnern in Harzburg als extremste Feinde Weimars positioniert hatten, sei «eine kaum glaubhafte Sensation», die «im rechtsgerichteten Lager» der DNVP und des Stahlhelm weithin Aufsehen, aber auch Bedauern hervorrief.[4] Durch die sehr bewusst noch vor Ablauf des

Burgfriedens abgegebene und über die Telegraphen-Union, eine der beiden großen deutschen Nachrichtenagenturen, republikweit verbreitete Erklärung hatte Wilhelm seinen Namen, seinen Rang und sein Ansehen einer – seiner – politischen Sache öffentlich verschrieben. Er hatte sich damit das Medium zunutze gemacht, das zu Beginn der dreißiger Jahre des 20. Jahrhunderts die noch größte Reichweite, den ausgedehntesten Wirkungskreis hatte.

Durch die Zeitungen wurden damals politische Äußerungen und Sachverhalte zuerst öffentlich verbreitet und kommentiert – sie waren zu dieser Zeit, zu Beginn der 30er-Jahre des zwanzigsten Jahrhunderts, noch das wichtigste und beliebteste allgemeine Informationsmittel. 1932 gab es in Deutschland etwa 4000 Blätter. Das «Wort» war rein durch seine Menge noch wichtiger als das «Foto». Fotografien hatten zu Beginn der dreißiger Jahre des 20. Jahrhunderts nur sehr selten jene herausragende Bedeutung für die Meinungsbildung, wie sie sie heute haben. Fotos waren sehr wichtig und wurden immer wichtiger, verstärkten den Text. Aber sie waren es in der Regel nur selten alleine für sich, sie benötigten Erläuterung. Das gedruckte Wort, vor allem in jenen tausenden täglich im Deutschen Reich erscheinenden Zeitungen, war für die Information und Orientierung der Bevölkerung bedeutsam, denn Fernsehen gab es noch nicht, und das Radio, seit August 1933 der simple «Volksempfänger», stützte den Wert des Wortes. Denn kaum jemand konnte es sich leisten, jede Woche ins Kino zu gehen, um dort die Wochenschau zu verfolgen.

Zwar schufen die Nationalsozialisten, wie Gerhard Paul überzeugend nachwies, bewusst Bilder durch ihre Aufmärsche, Appelle, Umzüge, Feiertage, Festveranstaltungen, Plakate, Karikaturen usw., weil das Bild «leichter, aber tiefer in das Unterbewußtsein als das Wort» dringe.[5] Doch erreichten diese Bilder nicht gleichmäßig alle Menschen und Milieus. Für alle, die an nationalsozialistischen Veranstaltungen nicht teilnahmen, diese Bilder daher nicht wahrnahmen – zu Beginn der 1930er-Jahre war dies noch der allergrößte Teil der deutschen Bevölkerung –, wurde anschließend jedoch über diese Ereignisse, in der Regel sehr ausführlich, in beschreibenden Zeitungsartikeln berichtet. Fotos waren darin nicht immer abgebildet. Es waren diese Zeitungsbeiträge, die durch ihren Wortlaut eine Gewichtung des Geschehenen und Gesehenen vorgaben, die dann, etwa ab November 1933, in der gleichgeschalteten Presse des nationalsozialistischen Staats sogar eine vorgeschriebene Interpretation beinhalteten. Fotos in den Artikeln wurden in der Regel als Beleg des Geschriebenen abgedruckt.

Wilhelm war in den Jahren seit seiner Rückkehr aus dem Wieringer Exil 1923 in der breiten Öffentlichkeit vor allem als, wie man heute sagen würde, «Celebrity» oder «It-Boy» wahrgenommen worden, insbesondere aber als der Repräsentant des vormals regierenden Hauses Hohenzollern – in der Republik eine nicht unpolitische Funktion, wie die Diskussion um seine Rückkehr 1923 und 1924 deutlich machte.[6] Auch in den Jahren 1930 und 1931 trat Wilhelm in der öffentlichen Diskussion, wie sie sich in der im Land leicht und gut zugänglichen deutschen Presse spiegelt, meist durch unpolitische Meldungen hervor: dass er angeblich keine Militärpension erhalte,[7] dass er ein Menzel-Gemälde nach Holland verkauft habe[8] und zu seiner Silberhochzeit nach Doorn gereist sei[9], dass er einen Flugtag besucht habe[10] oder dass er das Vorwort zu einem Flieger-Buch beigesteuert habe.[11]

Gegenüber dem «Neuen Wiener Tageblatt» hatte er 1930 seine innere Einstellung, sein Wünschen und Wollen verraten: «Ich bin an dreierlei Dingen interessiert: am Militär, an der Politik und an der Technik.»[12] Und ebenso hatte er sich in diesem Jahr bereits politisch engagiert: im «Stahlhelm, Bund der Frontsoldaten», dessen Ehrenmitglied er geworden war. An dessen 11. Reichsfrontsoldatentag in Koblenz am 4. und 5. Oktober hatte er prominent teilgenommen. Es war der erste Stahlhelmtag nach der Räumung des Rheinlands durch die Alliierten. Der stand unter dem Motto «Gegen Versailles, gegen die Tributlasten, gegen die Rüstungsungleichheit, gegen die Kriegsschuldlüge und die Kriegsgreuellügen, gegen die Lostrennung des Saargebietes, der Kreise Eupen-Malmedy, der Ostgebiete».[13]

Wilhelm setzte damit ein politisches Zeichen, das auffiel, denn er hatte sich nach allgemeiner Auffassung verpflichtet, nach seiner Rückkehr aus dem niederländischen Exil 1923 nach Deutschland politisch nicht tätig zu sein. Er habe dies, das galt allgemein als sicher, dem damaligen Reichskanzler Gustav Stresemann versprochen, der sich für seine Rückkehr eingesetzt hatte. Dass Wilhelm mit seinem Stahlhelmengagement gegen sein Wort handelte, merkten aber lediglich die sozialdemokratischen Zeitungen an.[14] Auch als er im folgenden Jahr am 30. und 31. Mai 1931 zusammen mit seiner Frau Cecilie am 12. Reichsfrontsoldatentag des Stahlhelm in Breslau teilnahm, wurde dies reichsweit bemerkt – und als selbstverständlich berichtet.[15] Wilhelm war, das spiegelt sich in den vielen Artikeln, eine Person, die ständig beobachtet wurde, die Aufmerksamkeit auf sich lenkte und die Aufmerksamkeit erhielt.

Für das reichsweite Aufsehen, dass 1932 die Kundgebung des Exkronprinzen für Hitler hervorrief, waren zwei Dinge verantwortlich. Zum einen, dass Wilhelm dieses Mal aktiv, durch eine dezidierte Meinungsäußerung in den «politischen Kampf» innerhalb der Weimarer Republik eingriff, zum anderen, dass er sich sehr lautstark und deutlich gegen den bisherigen Amtsinhaber Paul von Hindenburg und für den Führer der Nationalsozialisten Adolf Hitler als Reichspräsidenten aussprach. Er war aus dem rechtsnationalen Lager des Stahlhelm, zu dem er gerechnet wurde, die einzige von außen wahrgenommene Person, die das tat.[16] Wundern konnte sich allerdings nur, wer vergessen hatte, dass der Exkronprinz als feste Größe des rechtsnationalen Lagers schon zwei Jahre zuvor aufgrund seiner Ansichten mit den Nationalsozialisten in Verbindung gebracht worden war. Damals war sein angeblicher Eintritt in die Hitler-Partei gemeldet worden.[17]

Hitler selbst begrüßte Wilhelms «Zustimmungserklärung» ausdrücklich, wie der Sonderkorrespondent des «Daily Express» berichtete, der als einziger ausländischer Journalist Hitler auf seiner Wahlreise begleitet hatte: «Auf die Frage, ob sich Hitler hierüber gefreut habe, erklärte Hitler: ‹Ja! Ich würdige die Haltung des Kronprinzen, sie kam von seiner Seite völlig spontan. Er hat damit öffentlich seine Übereinstimmung mit dem Haupttrupp der deutschen Rechten [als den die Nationalsozialisten sich sahen, JL] zum Ausdruck gebracht.›»[18]

In der Presse hieß es über Wilhelms öffentliche Erklärung: «Daß der Exkronprinz nunmehr sich auch zu denjenigen geschlagen hat, die mit Klauen und Zähnen sich gegen dieses ‹System› [die Republik] zu wehren wissen, verblüfft … nicht.» So schrieb der Badische Beobachter, eine Zeitung des Zentrums. Der Beitrag endete mit dem Satz: «Man wird von der Reichsregierung erwarten dürfen, daß sie sofort den Kronprinzen zur Rechenschaft zieht, für den Bruch seines Wortes», sich politischer Betätigung zu enthalten.[19] Auch die ebenfalls zum Zentrum zählende Germania sah das so: «Wir möchten dem Gutsherrn von Oels dringend raten, sich ja gewissenhaft zu überlegen, ob eine ‹Kundgebung›, wie die heutige, den hohen Einsatz lohnt, den der Bruch seines der Reichsregierung gegebenen Wortes, sich nicht politisch zu betätigen, bedeutet.» Die konservative Kreuzzeitung ließ verlautbaren: «Wir haben auf das Gefährliche dieses Beginnens (Stimmabgabe für Hitler) mehr als einmal aufmerksam gemacht. Wer sich zum Führerprinzip bekennt, folgt den Weisungen der Führer!» Und die Börsen-Zeitung äußerte die Meinung: «Für ihn (den Kronprinzen) lebt der ‹Gedanke von Harzburg›, von dem weder Hugenberg noch Hitler bis auf weiteres etwas wissen wollen.»[20]

Mit dieser Beobachtung lag der Kommentator der Börsen-Zeitung, wie sich erweisen sollte, nicht ganz falsch. Hitler hatte im Völkischen Beobachter vom 4. April 1932 – fast zeitgleich mit Wilhelms Aufruf – zum wiederholten Mal sein Programm verkündet: Zusammenschluss aller «sozialistischen und nationalen Elemente des Volkes zu einer neuen deutschen Volksgemeinschaft», «eine starke Autorität der Führung … an Stelle des heutigen demokratischen Parlamentarismus», «Kampf gegen den Bolschewismus», sowie Schaffung eines «organisch aufgebaute[n] Volksstaat[s], der im Bauerntum sein Fundament, im Mittelstand aber die Brücke besitze».[21] Das war der «Gedanke von Harzburg» unter nationalsozialistischem Vorzeichen. Es entsprach dem sich in der Oelser Erklärung offenbarenden Wunsch Wilhelms, den Weg weg von der Republik und hin zu einem Staat zu bahnen, der mit den öffentlich bekannten Vorstellungen Hitlers vereinbar war.

Im Verlauf des Jahres 1932 und des nächsten Jahres 1933 setzte sich der Exkronprinz daher als Repräsentant der alten Elite an die Spitze derer, die jene in Harzburg versammelten Rechtskonservativen von Stahlhelm, DNVP, Reichslandbund und Alldeutschen, aber auch alle übrigen rechtskonservativen Gegner der Republik hinter Hitler und seiner Bewegung sammeln wollten.

Wilhelms Politik, wie sie in den Veröffentlichungen nachvollziehbar wird, bestand in der Folgezeit darin, durch eine bewusste und bedachte Handlungsweise, die von der Presse aufgenommen und verteilt werden würde, vorbildlich und bespielhaft in die Öffentlichkeit zu wirken. So folgte auf seine Erklärung für Hitler ein Artikel in der konservativen Wochenzeitung «Fridericus», in dem dessen Herausgeber F. C. Holtz eine «Schilderung von Bemühungen der Führer der nationalen Opposition» gab, «den früheren Kronprinzen zum Gemeinschaftskandidaten für den zweiten Wahlgang zur Reichspräsidentenwahl auszurufen», wie der «Badische Beobachter» verbreitete.[22] «Ein nationalsozialistischer Propagandaleiter, ein Stahlhelm[m]ann und ein parteipolitisch unbescholtener (!!) nationaler Mann, so heißt es in der Zeitschrift [Fridericus], taten sich zusammen, um die Sache in Fluß zu bringen. ... Nach langer sachlicher und ernster Aussprache zeigte sich der Kronprinz bereit, sich dem Volk, wenn es ihn zur Reichspräsidentschaft berufe, nicht zu versagen. ... Adolf Hitler, dem der nationalsozialistische Propagandaleiter von dem Entschluß des Kronprinzen Kenntnis gegeben hatte, hatte sich darauf bereit erklärt, den Kronprinzen auf den Schild zu erheben.» Da der Exkaiser in Doorn aber seine Zustimmung zur Kandidatur verweigerte, «erklärte der Kronprinz, daß er unter diesen Umständen nicht kandidieren wolle. Bis zum letzten Tag der Einreichung der Kandidaten, bis zum 31. März, wartete man, wie der ‹Fridericus› weiter schreibt, auf eine Sinnesänderung aus Doorn. Diese trat aber nicht ein. Der Kronprinz erklärte nun, er werde im zweiten Wahlgang Hitler wählen.»[23]

Wilhelm und seine Unterstützung des Nazi-Führers wurde auch nach der Reichspräsidentenwahl, die Hindenburg zwar den Erfolg, Hitler aber auch dank des Oelser Aufrufs einen Zuwachs von über zwei Millionen Stimmen, massenhaft aus dem Stahlhelm, brachte,[24] öffentlich diskutiert. Seine Bekundung für Hitler hatte die Aufmerksamkeit auf Wilhelm gelenkt und ihn definitiv und unwiderruflich als politische Figur ins Gespräch gebracht. Denn weil Wilhelm sich dieses Mal nicht nur durch seine Anwesenheit bei einem Stahlhelmtreffen politisch exponiert hatte, sondern durch eine reichsweit publizierte schriftliche Stellungnahme für den Führer der NSDAP, wurde reichsweit in der Öffentlichkeit die Frage erörtert, ob der Exkronprinz durch dieses Verhalten einen Wortbruch gegenüber der Reichsregierung begangen habe. Auf seiner bekannten Zusage, sich «politischer Betätigung zu enthalten», beruhte der von den republikanischen, aber auch von rechtskonservativen Blättern erhobene Vorwurf, Wilhelm habe sein Wort vergessen. Allein die nationalsozialistische Presse stimmte in diesen Chor nicht ein. Dagegen verwahrte man sich dort vehement gegen die Meldung über ein vermeintliches Geheimabkommen mit dem Haus Hohenzollern, das die NSDAP wegen Wilhelms Wahlaufruf zu Gegenleistungen verpflichte.[25]

Ein Dr. H. Bartels schlug sich auf die Seite des Exkronprinzen. Sein Leserbrief vom 7. Mai 1932 an die Kölnische Zeitung bestritt aufgrund eines Ende 1923 erschienenen Aufsatzes von

Friedrich Thimme, einem der Herausgeber der «Großen Politik der europäischen Kabinette», dass Exkronprinz Wilhelm Stresemann sein Ehrenwort gegeben habe.[26] Wilhelm Sollmann, als Reichsminister des Innern im Kabinett Stresemann mit dem Rückkehrersuchen des Exkronprinzen befasst, widersprach dieser Auffassung in einem Artikel im Vorwärts vom 20. Mai 1932.[27] Er zitierte darin aus der Niederschrift der fraglichen Kabinettsitzung des ehemaligen Reichsjustizministers Radbruch: «Der Reichskanzler verlas aus einem Briefe des Kronprinzen die Zusage, sich im Falle der Erlaubnis seiner Rückkehr politischer Betätigung zu enthalten.» Der «persönliche Begleiter S. K. H. des Deutschen Kronprinzen», wie sein Briefkopf sagte, und Referent der Generalverwaltung des vormals regierenden preußischen Königshauses Louis Alfred Carl Oskar Müldner von Mülnheim bestritt die Darstellung Sollmanns drei Tage später in einem Offenen Brief. Er, Müldner, habe die «entscheidenden Akten und Unterlagen» wiederum dem Historiker Thimme zur Auswertung übergeben und «beschränke» sich hier darauf, «noch einmal mit aller Bestimmtheit festzustellen, daß der Kronprinz niemals eine Verpflichtung eingegangen ist, sich im Falle seiner Rückkehr der politischen Betätigung zu enthalten, geschweige denn hat er für eine solche Verpflichtung sein Ehrenwort verpfändet».[28]

Sollmann entkräftete in seiner Entgegnung auf Müldner im «Vorwärts» am 25. Mai den zwischenzeitlich in der «Deutschen Allgemeinen Zeitung» (Nr. 237) erschienenen Nachweis Thimmes, der Exkronprinz hätte keinesfalls sein Ehrenwort verpfändet und nie eine Enthaltungserklärung abgegeben.[29] Thimme argumentierte mit einem nicht genau datierten Brief Wilhelms an Stresemann aus dem August 1923. Darin hatte der Exkronprinz geschrieben, «nicht Wünsche politischer Art sind es, die meine Heimkehr erheischen. Damit jeder Missdeutung meiner Rückkehr vorgebeugt wird, darf ich der Reichsregierung anheimstellen, von vorstehender Erklärung jeden ihr geeignet erscheinenden Gebrauch zu machen».[30] Sollmann hielt dagegen, dass dieser Brief sich auf ein Schreiben Stresemanns bezog, der Exkronprinz solle sich von politischen Einmischungen fernhalten. Und dazu habe Wilhelm sich, so Sollmann, verpflichtet. Tatsächlich trug Stresemann laut Auszug aus dem Protokoll in der entscheidenden Kabinettsitzung am 23. Oktober 1923 vor: «Nach Mitteilungen, die ihm in diesen Tagen geworden seien, wolle der frühere Kronprinz in Oels Wohnsitz nehmen und erklären, sich politisch nicht betätigen zu wollen.»[31]

Aber selbst nach dem Brief aus dem August 1923, den Thimme anführte, hätte Wilhelm sich politisch zurückhalten müssen, denn er hatte Stresemann ja freigestellt, den Brief als politische Enthaltung verstehen zu können. Und dies in seiner Ausdeutung vom 23. Oktober hatte Stresemann getan, indem er in der Kabinettssitzung erklärte, der Exkronprinz habe ihm mitgeteilt, sich politisch nicht betätigen zu wollen. Doch Müldner und alle Wilhelm nahestehenden Personen bestritten weiterhin, dass es auch nur Unterredungen solchen Inhalts gegeben habe.[32] Und sie setzten sich durch: «Der frühere Kronprinz hat sich bekanntlich im Kampf um die Reichspräsidentschaft für Hitler erklärt. Von Berlin aus wurde verbreitet, daß er damit ein Stresemann gegebenes Ehrenwort bei seiner Rückkehr aus Wieringen gebrochen hätte. Das ist durch den Brief [Müldners] widerlegt.»[33] Wie auch immer, der Exkronprinz zählte spätestens durch diese Auseinandersetzung unbestreitbar zur Politprominenz der späten Republik.

Wilhelm selbst ignorierte die ganze Diskussion und meldete sich am 5. Mai 1932 mit einem Interview zur politischen Situation in Deutschland zu Wort, das er dem ihm nahestehenden Louis P. Lochner, dem Berliner Vertreter der Associated Press, gab.[34] Darin wandte er sich gegen die Unterdrückung Deutschlands und die Beschränkung seiner Hoheitsrechte durch den Versailler Vertrag und die europäischen Mächte. «Was sei es mit dem Diktat von Versailles, das – aufgebaut auf der Lüge von der deutschen Kriegsschuld – Deutschland ungeheuerliche Demütigungen aufzwang und untragbare Lasten auferlegte?» Wie schon bei seiner Erklärung für Hitler sorgte der Exkronprinz dafür, dass sein Engagement wie seine Worte durch die Telegraphen-Union weite Verbreitung in den Zeitungen fanden.[35]

Als Wilhelm am 3. und 4. September in Berlin sehr sichtbar beim 13. Reichsfrontsoldatentag des Stahlhelm präsent war – er nahm zusammen mit den beiden Bundesführern Franz Seldte und Theodor Duesterberg den Vorbeimarsch der Landesverbände ab –,[36] hatten sich die politischen Verhältnisse im Deutschen Reich in die seiner Meinung nach richtige Richtung verändert. Von Reichspräsident Hindenburg eingesetzt regierte – erstmals ohne einen Mann aus den Reihen der die Weimarer Republik tragenden Parteien an der Spitze – ein Präsidialkabinett unter dem parteilosen rechtsnationalen Reichskanzler Franz von Papen. Das Kabinett wurde von den Feinden der Weimarer Republik als «nationale Regierung» gefeiert.[37] Entsprechend begrüßte man auf dem Stahlhelmtag in den Reden «starke nationale Regierungen» und forderte, darin mit den Nationalsozialisten übereinstimmend, «eine bewußte nationale Führerschicht».[38] Der Stahlhelm wolle «nicht die staatliche Macht, sondern den machtvollen Staat».[39] Man brauche kein

Prophet zu sein, hieß es dazu in der nationalsozialistischen Presse, «um heute schon erkennen zu können, daß in kürzerer oder längerer Zeit die revolutionären Kämpfer in den Reihen des Stahlhelms aufstehen werden, um unter die Fahne unseres Führers zu treten, weil ihnen die Gewißheit im Herzen brennt, daß nur unter der Führung Adolf Hitlers der Sieg des neuen Deutschland zu erringen ist».[40]

Wie sehr Wilhelm, der «eine Art Aussöhnung zwischen den Deutschnationalen bzw. dem Reichskabinett und den Nationalsozialisten» wollte,[41] mit der Idee, dass der Stahlhelm sich der NSDAP näherte, einverstanden war, und sie förderte, machte er der Öffentlichkeit einen Monat später deutlich.[42] In der Zeitschrift «Fridericus» hatte der Exkronprinz seinen seit März neuen Freund, den vormaligen Gaupropagandaleiter II des Gaues Westfalen-Nord der NSDAP, Joachim von Ostau, einen Offenen Brief an Hitler publizieren lassen, in dem von Ostau seinen Führer bat, doch «dafür zu sorgen, daß das von Hitler vor aller Welt bekannt gegebene Ziel der Steigerung des Wehrwillens und des Wehrvermögens dadurch nicht weiter untergraben werde, daß sich die nationalen Fronten im heftigsten Bruderkampf länger gegenüberständen». Daraufhin konnte Wilhelm in einem Schreiben an Ostau, das er wieder einmal der Telegraphen-Union zur Verbreitung gab, am 15. Oktober 1932 antworten:

«Soeben habe ich im ‹Fridericus› Ihren Offenen Brief an Adolf Hitler gelesen. Ich möchte nicht verfehlen, die erste Gelegenheit zu benutzen, um Ihnen meine Freude zum Ausdruck zu bringen, daß Sie alles das, was die wirklich national eingestellten Kameraden des Stahlhelm und, wie ich mit Sicherheit annehme, auch die SS und SA schon in den letzten Wochen hindurch auf das tiefste bewegt, Ihrem Führer gegenüber offen zum Ausdruck gebracht haben. Mögen sich politische Parteien verleumden und tätlich angreifen, so bedauerlich das auch sein mag, es ist aber ein unhaltbarer Zustand, daß die wirklichen Träger des Wehrgedankens, die deutsche Jugend, die im Stahlhelm, in der SA und SS zusammengefaßt ist, sich gegenseitig zur Freude von neidvollen Feinden im Auslande und der roten Front im Inlande bekämpfen. Möchte Ihr Brief der Anstoß dazu werden, daß alle die Männer, die ihr Vaterland über alle Sonderinteressen stellen, sich wieder wie in den Jahren 1914/18 in treuer Frontkameradschaft die Hände reichen und eine geschlossene Front bilden gegen alles Undeutsche.»[43]

Fast gleichzeitig wurde – sicherlich nicht zufällig – bekannt, dass der Exkronprinz sich schon am 14. April 1932 in einem in Cecilienhof verfassten Schreiben an den damaligen Reichswehrminister Wilhelm Groener für eine Aufhebung des zu dieser Zeit bestehenden Verbots von SA und SS eingesetzt hatte. Die «Rheinische Zeitung» veröffentlichte diese Nachricht am 15. Oktober 1932 unter der Überschrift «Wie lange noch Herr Reichskanzler? – Wilhelm als ‹Reichsverweser› – Ein hochpolitischer Brief des Protektors der Nationalsozialisten an den Reichswehrminister» und zitierte aus dem Brief, der der Redaktion offensichtlich vorlag. Noch am selben Abend berichtete auch der Vorwärts und zwei Tage später das Volksblatt und der Volksfreund.[44] So erfuhr die Öffentlichkeit von Wilhelm selbst über sich und seine politische Haltung:

«Es ist mir ein ernstes Bedürfnis, mit diesen Zeilen Ihnen meine ernsten Sorgen für die Zukunft unseres Vaterlandes auszusprechen … Sie wissen, daß Sie seit dem November 1918 von den nationalen Kräften häufig sehr scharf angegriffen worden sind, und daß ein großes Mißtrauen gegen Ihre Person gerade in diesen Kreisen bestanden hat. Ich persönlich habe, weil ich mich im Leben immer bestrebe, objektiv zu bleiben, in vielen Fällen für Sie gerade in diesen Kreisen eine Lanze gebrochen, ebenso für meinen Freund Schleicher. Gerade deswegen ist es mir besonders schmerzlich, daß Sie den Erlaß, der zur Auflösung der SA. und SS. geführt hat, mit Ihrem Namen gedeckt haben. Ich kann diesen Erlaß nur als einen schweren Fehler ansehen und für eine außerordentliche Gefahr für den inneren Frieden. Es ist mir auch unverständlich, wie gerade Sie als Reichswehrminister das wunderbare Menschenmaterial, das in der SA. und SS. vereinigt ist und dort eine wertvolle Erziehung genießt, zerschlagen helfen. … Das Uniformverbot des Stahlhelms und die Auflösung der SA und SS muß in den nationalen Kreisen das Vertrauen zum Reichswehrministerium auf das schwerste erschüttern. Da es von jeher mein Bestreben gewesen ist, persönlich ein Vertrauensverhältnis zwischen dem Reichswehrministerium und den nationalen Verbänden – speziell auch der NSDAP – herzustellen, werden Eure Exzellenz verstehen, wie schmerzlich dieser Schritt, zu dem Sie Ihren Namen gegeben haben, berühren muß.»

Außerdem lernte die Allgemeinheit durch seinen Brief und die Zeitungsartikel den Exkronprinzen als einen Mann kennen, der in den Augen der sozialdemokratischen Opposition für das verfassungsmäßig nicht vorgesehene, eventuell jedoch zu schaffende, hohe politische Amt eines «Reichsverwesers» infrage kam, das einzurichten immer wieder diskutiert wurde – gerade weil die Reichsregierung diese Meldung sehr eifrig und bemüht dementierte.[45] Doch hielten sich, von der antirepublikanischen Presse am Leben gehalten, die Gerüchte von einer Einsetzung

Wilhelms als «Reichsverweser» bis Anfang 1933.[46] Am 30. Januar ernannte Reichspräsident Hindenburg dann Adolf Hitler zum Reichskanzler.

In diesem Jahr 1933 bemerkte die Öffentlichkeit den Exkronprinzen nicht mehr nur anlässlich von Versammlungen des Stahlhelm oder eines weiteren rechtsnationalen Kriegervereins, des Kyffhäuserbundes,[47] sondern zunehmend an der Seite des neuen Regimes, seiner Vertreter, seiner Organisationen. So erschien Wilhelm am 5. Februar im Berliner Dom zum «Staatsbegräbnis für die beiden Opfer des 30. Januar», SA-Sturmführer Hans Maikowski und Schupo-Oberwachtmeister Josef Zauritz, die bei den Auseinandersetzungen rund um den nächtlichen Fackelzug der Nationalsozialisten und Republikgegner getötet worden waren. «Die gesamte Berliner und Brandenburger SA., SS. und Hitlerjugend, sämtliche dienstfreien Beamte der Schutzpolizei und der gesamte Berliner Stahlhelm» waren aufmarschiert.[48] Wie beobachtet wurde, war die Begrüßung zwischen Wilhelm, Hermann Göring, Joseph Goebbels und Hitler «von auffallender Zuvorkommenheit».[49] Die beiden Toten hatte man vor dem Altar aufgebahrt, ein nationalsozialistischer evangelischer Pfarrer hielt die Trauerrede und nahm die Einsegnung vor – dies alles gegen den Willen der Angehörigen von Josef Zauritz, der katholisch war![50] Doch hatte die nationalsozialistisch geführte Regierung in ihrer Absicht, eine Heldenehrung des neuen nationalen Deutschland zu inszenieren, darauf keine Rücksicht genommen. Die Abordnungen der Schutzpolizei, sämtlicher nationalsozialistischer Organisationen und des Stahlhelm legten zahlreiche Kränze und Blumengewinde zu Füßen des Hochaltars nieder, desgleichen der Exkronprinz. Er, so war zu lesen, «schmückte selbst beide Särge mit einem Kranz».[51]

Zur nationalsozialistischen Kundgebung am Grab Horst Wessels, des großen Märtyrers der Nazi-Bewegung, am 22. Januar, hatte Wilhelm noch einen Vertreter geschickt. Alle Berliner SA-Formationen sowie Stürme aus Brandenburg mit Fahnenabteilungen hatten daran teilgenommen. Nach der Rede des Gemeindepfarrers wurde das Grabmal enthüllt. Anschließend behandelte Hitler Wessel als Dichter und Komponist. «Der Ansprache», hieß es in der Berichterstattung, «folgte die Niederlage von Kranzspenden. Auch der ehemalige Kronprinz ließ durch ein Stahlhelmmitglied einen Kranz niederlegen.»[52]

Zur Reichstags-Eröffnungsfeier am 21. März, dem «Tag von Potsdam», erschien Wilhelm persönlich. Er nahm in der Garnisonkirche «in der hinter dem Platz des Herrn Reichspräsidenten gelegenen Kaiserinloge … Platz».[53] Die Veranstaltung war eine einzige große Goebbelssche Inszenierung der politischen Staffelstabübergabe vom Reichspräsidenten Hindenburg an den neuen Reichskanzler Hitler. Hindenburg, so viel wurde aus Hitlers Rede deutlich, sollte zukünftig nur noch im Hintergrund stehen: «… läßt Sie die Vorsehung Schirmherr sein [!, JL] über die neue Erhebung unseres Volkes.»[54] Der greise Reichspräsident habe seine Aufgabe nun erfüllt, indem er dem «neuen Deutschland» den Weg frei gemacht habe. «So dankt Ihnen heute des deutschen Volkes Jugend, und wir alle mit ihm, die wir Ihre Zustimmung zum Werk der deutschen Erhebung als Segnung empfinden.» Auch Wilhelm dankte in einer symbolischen Szene an der Ehrentribüne vor der Kirche Hindenburg für die Unterstützung einer nationalen Regierung unter Hitler. «Der Kronprinz begrüßte unter Heilrufen der Menge den Reichspräsidenten.»[55] «Der Kronprinz tritt zu ihm, der Reichspräsident reicht ihm beide Hände.»[56] Die Unstimmigkeit wegen

Der Exkronprinz begrüßt am Tag von Potsdam, dem 21. März 1933, Reichspräsident Hindenburg.

des Oelser Aufrufs war vergessen – ein Bild, das von vielen Menschen gesehen wurde und wichtiger ist, als die beiden erst jüngst veröffentlichten Fotos, die Wilhelm bei der Potsdamer Inszenierung im Gespräch mit Hitler zeigen.

Denn der Exkronprinz bewies mit seinem Verhalten als höchster Repräsentant der alten Elite einmal mehr, wie sehr er die Richtung, die die Politik mit Einsetzung Hitlers als Reichskanzler durch Hindenburg nahm, begrüßte und unterstützte – und wie sehr er auch mit dem Zusammengehen der deutschnationalen Gruppen, vor allem des Stahlhelm, mit SA und SS einverstanden war. Wilhelm wurde auf diese Weise zum Gewährsmann dafür, dass die Zukunft der «neuen Erhebung» in den Händen Hitlers, der NSDAP und deren Organisationen gut aufgehoben sei. Mit Freude verfolgte der Exkronprinz an der Ehrentribüne neben der Garnisonkirche auch den Vorbeimarsch der Abordnungen von Reichswehr, SA, SS, Hitlerjugend, Stahlhelm, der deutschnationalen Kampfbünde und weiterer nationaler Kolonnen, deren gemeinsames Auftreten ihm ein Anliegen und eine Freude war, das er seit langem gefördert hatte.[57]

Wilhelm zeigte sich auch am Nachmittag bei der ersten Reichstagssitzung in der Krolloper in Berlin, des «erste[n] nationalsozialistische[n] Reichstag[s]», wie das NS-Blatt «Der Führer» titelte.[58] Das wurde landesweit wahrgenommen: «Bei dicht besetztem Saal und vollen Tribünen – in der Diplomatenloge sitzt der Kronprinz – eröffnete Reichstagspräsident Göring die erste Sitzung des neuen Reichstags. Hinter dem Präsidentenstuhl ist an der Stelle des Reichsadlers ein großes schwarzes Hakenkreuz in weißem Kreis auf rotem Grund angebracht.»[59] Göring bemerkte dazu: «In das Rot und das leuchtende Weiß haben wir das uralte Zeichen unserer Urväter, das ewig neue Sonnenzeichen als Zeichen des Aufstieges der Reinheit und Ehre gestellt. Ich bin glücklich, als Präsident diesen Reichstag eröffnen zu dürfen unter diesen siegreichen Zeichen, die jetzt über Deutschland wehen sollen. (Erneuter Beifall.)»[60]

Im Ausland, insbesondere in den Vereinigten Staaten von Amerika, hatte man allerdings schnell bemerkt, dass die nationalsozialistische Methode der Machterlangung keinesfalls nur glücklich begrüßt wurde, sondern die rücksichtslose Verfolgung und Unterdrückung Andersdenkender, Juden, Katholiken, Sozialdemokraten, Kommunisten bedeutete. Amerikanische Zeitungen prangerten dies, gestützt auf Berichte aus dem Reich, mit deutlichen Worten immer wieder an. «Die Greuelpropaganda», notierte Goebbels am 24. März in seinem Tagebuch, «macht uns viel zu schaffen. Die vielen aus Deutschland emigrierten Juden verhetzen das ganze Ausland gegen uns.» Und am 26. März: «Wir müssen also zu einem groß angelegten Boykott aller jüdischen Geschäfte in Deutschland schreiten. Vielleicht werden sich dann die ausländischen Juden eines besseren besinnen, wenn es ihren Rassegenossen in Deutschland an den Kragen geht.»[61] Hitler ließ am 27. März seinen Auslandspressechef Ernst «Putzi» Hanfstaengl über die für die Reichsregierung negativen Artikel erklären, «daß alle diese Berichte in ihrer Gesamtheit gemeine Lügen sind».[62] Goebbels diktierte am gleichen Tag «einen scharfen Aufsatz gegen die Greuelhetze der Juden».[63] Am 28. März erfolgte der Boykottaufruf: «Selbstschutz gegen jüdische Greuelhetze», «Aktion gegen die Anmaßung hebräischer Intellektueller, Ärzte und Anwälte», «Juda der Weltfeind»![64]

In diesen Chor der von Goebbels organisierten Propaganda stimmte medienwirksam auch der Exkronprinz ein. So konnte man selbst im «Jeverschen Wochenblatt» vom 29. März 1933 lesen: «Kronprinz Wilhelm hat an den amerikanischen Schriftsteller Georges Sylvester Viereck» – einen Antisemiten und NS-Propagandisten – «einen Brief gerichtet, in dem er sich gegen die gegen Deutschland ausgestreuten Greuelmärchen wendet.»[65] Wilhelm: «Wir bemühen uns hier in Deutschland ebenso wie sie in den Vereinigten Staaten darum, aus dem Elend, in welches die abendländische Welt in den Nachkriegsjahren versunken ist, zu neuem Wohlstand, zu Frieden und frischer Kraft zurückzukehren. Jedes Volk tut dies seinem eigenen Charakter und seinen Bedingungen gemäß. Den Weg der anderen mit Lügen, Verleumdungen und Schmutz zu bewerfen, ist nicht fair.»[66]

Dieser Ausweis seines Eintretens für die nationalsozialistischen Propagandaziele richtete sich nicht nur an die Bevölkerung der USA, sondern ebenso an die Deutsch-Nationalen im Reich und an die Stahlhelm-Auslandsgruppen, die ihre «Pflicht» tun sollten, «den Treibereien der getürmten jüdischen und marxistischen Hetzer entgegenzutreten».[67] Bei Hitlers großer, an das Ausland gerichteter Rede am 17. Mai in der Krolloper nahm der Exkronprinz, um seine Verbundenheit mit der Hitlerschen Politik und Propaganda in der Öffentlichkeit zu bezeigen, «auch diesmal in feldgrauer Uniform in der Diplomatenloge an der Sitzung teil».[68] Nicht einmal eine Woche später erfuhr die Öffentlichkeit, dass Wilhelm Mitglied des nationalsozialistischen Kraftfahrerkorps geworden sei.[69]

Regelmäßig war Wilhelm jetzt bei nationalsozialistischen oder von den Nationalsozialisten inszenierten Veranstaltungen zugegen. Am 21. Mai zeigte er sich mit Reichssportführer Hans von Tschammer-Osten beim Berliner AVUS-Rennen. «In der richtigen Gesellschaft» untertitelte die Deutsche Freiheit vom 29. Juli 1933 das Foto.[70] Zusammen mit Reichspropagandaminister Goebbels verfolgte er am 24. März aus einer Loge im Berliner Sportpalast das Hallensportfest der Polizei, das Ausdruck der vollständigen Integration der Gesetzeshüter in das «neue Reich» war.[71] «Zum erstenmal», hieß es im Goebbelsschen Blatt «Der Angriff» am 25. März, «bekannte sich ein Sportverein auf einer großen Veranstaltung zur nationalen Erhebung und zum deutschen Volkstum. Vor Tausenden erklang gestern im Berliner Sportpalast das Horst-Wessel-Lied, gesungen von den Polizeisportlern … Hier wurde mit der verderblichen Ansicht aufgeräumt, daß der Sport ‹unpolitisch› bleiben müsse». Eigens wurde erwähnt: «Man bemerkte ferner den Kronprinzen …»[72]

Polizeisportfest im Berliner Sportpalast am 24.03.1933. Foto rechts: Exkronprinz Wilhelm mit Reichspropagandaminister Goebbels und Major a. D. von Neufville (v. r. n. l.)

Ebenfalls mit dem Reichspropagandaminister verbrachte Wilhelm ein paar Tage an der Ostsee, vom 1. bis mindestens 4. August in Heiligendamm. Dass er mit Goebbels am 4. August gefrühstückt und sich besprochen hatte, machte die im noch nicht nationalsozialistischen Saarland erscheinende Zeitung «Deutsche Freiheit» durch Bericht und Foto bekannt. Aber auch darüber hinaus erlangten Bild und dazugehöriger Text große Aufmerksamkeit, wie Carl Lange in seinem Buch über den Kronprinzen Anfang 1934 stolz berichtete: «Eine andere, bekannt gewordene Aufnahme führt uns auf die Kurhausterrasse in Heiligendamm ‹Dr. Goebbels im Gespräch mit dem Kronprinzen›.»[73]

Goebbels hatte das Bild erst an die Presse im Reich gegeben, eine Veröffentlichung dann jedoch nicht gewünscht. Von dem fotogenen Ereignis wurden allerdings, ohne dass das Reichspropagandaministerium intervenierte, von dem Münchener Verlag Herrmann A. Wiechmann Foto-[Post]Karten in Umlauf gebracht. Wahrscheinlich durfte der Verlag dies tun, weil dort bereits sehr früh, 1924, aus der Feder von Georg Schott eine erste verherrlichende Hitler-Biographie erschienen war: «Das Volksbuch vom Hitler». Bei dieser Unterredung mit Goebbels erfuhr Wilhelm ein weiteres Mal, dass die Restaurierung der Monarchie für die Nationalsozialisten nicht in Frage komme.[74] Zuvor hatte bereits Hitler selbst am 23. März 1933 in seiner Reichstagsrede zum Regierungsprogramm und zum Ermächtigungsgesetz eine Restauration der Monarchie ausgeschlossen[75] – was aber Wilhelms Engagement für den neuen nationalsozialistischen Staat, das um weite Öffentlichkeit bemüht war, in der Folge keinen Abbruch tat.

Dabei ging es ihm, wie seine Auftritte belegen, vorrangig um die Gewinnung des Stahlhelm und der alten monarchischen Eliten für die SA sowie die Integration dieser konservativen Republikfeinde in die SA oder andere Organisationen der NSDAP. Am 14. Mai erschien Wilhelm als eine der Führungspersönlichkeiten des Stahlhelm zunächst beim Aufmarsch der SA in Wittenberge und anschließend bei der Parade des Stahlhelm in diesem brandenburgischen Städtchen.[76]

Beim 3. Waffentag der Deutschen Kavallerie in Düsseldorf vom 1. bis 3. Juli 1933 übergab er in einer großen Inszenierung zusammen mit dem alten Generalfeldmarschall von Mackensen die monarchistischen, konservativen «alten Soldaten» an den «neuen nationalsozialistischen Staat».[77] SA-Reiterstandarten traten hier demonstrativ, gleichberechtigt, wenn nicht gar schon führend im «neuen Staat» auf. «Ich bin begeistert über den herzlichen Empfang, den die Düsseldorfer mir bereitet haben», berichtete Wilhelm in einem Interview; er war in der Stadt mit anhaltenden «Heil-Rufen» begrüßt worden. Eine prächtige Arena … das Bild in der Kampfbahn …» Major Selasinsky aus seiner Begleitung unterbrach hier kurz und hob hervor, «daß der Kronprinz am Sonntagabend die Anweisung [gegeben habe], zur abendlichen Stunde noch zum Schlageter-Ehrenmal zu fahren. Als absolute Pflicht hätte der Kronprinz diesen Besuch am Mal empfunden, um mit seiner engeren Begleitung, unter der sich auch SS.-Führer [Joachim] Cäsar befand, dem Nationalhelden ein stilles Gedenken zu weihen. Zwei Rosensträuße hätte der Kronprinz in der Gruft niedergelegt, in tiefer Ergriffenheit in dem Raum geweilt». Hier hakte Wilhelm wieder ein: «Das Mal ist ergreifend in seiner schmucklosen Schlichtheit und wirkt deswegen doppelt. Ergriffen habe ich den stillen Ort verlassen.»[78] Mit «Heil-» und «Hoch-» und «Wiederkommen-»Rufen wurde der Exkronprinz aus Düsseldorf verabschiedet.[79]

Damit seine Handlungen und Worte noch größeres Gewicht gewannen, hatte er ein Büchlein mit dem Titel «Der Kronprinz steht vor Dir» in Auftrag gegeben. Nur so lassen sich Max Merbecks erste Sätze interpretieren: «Dem Verfasser ist die Aufgabe gestellt worden, in einem kleinen Buch leichtflüssig und fesselnd ein Lebensbild des Kronprinzen zu gestalten … Der Kronprinz sollte gezeigt werden, wie er wirklich ist …, so daß man … die Zerrbilder vergißt, die man lange in weiten Kreisen von ihm verbreitet hat.»[80] Das Bändchen war Ende Juli, Anfang August 1933 in einer Auflage von 50 000 Exemplaren erschienen – und sollte Wilhelm als volksnahe politische Persönlichkeit positionieren. Er sei allem Höfischen schon immer abhold gewesen, kann man darin lesen, dem Volk eigentlich schon immer verwandt, vor allem aber in der neuen Zeit – «mit einem Volkskanzler». Er sollte dies auch Ende des Jahres sich zu zeigen bemühen, durch einen Besuch in Wieringen bei dem dortigen Schmied, «seinem Lehrmeister», wie es in der Presse hieß.[81]

Wilhelm habe «ein reges Interesse für das Wohl und Wehe des Vaterlandes», habe sich neben militärischen Aufgaben «eingehend mit politischen Fragen beschäftigt», sich «wertvolle Einblicke in außer- und innenpolitische Strömungen verschafft», «durchackere» die Nachrichtenblätter «von der ‹Kreuzzeitung› bis zum ‹Vorwärts›», was belegt, wie weit und gut er sich zu informieren bemüht war, dass ihm auf diese Weise nichts entging.[82] «Als Einer der großen Volksmehrheit» habe er «auf den großen Mann der Kraft» geharrt, «der das hilflos darniederliegende Deutschland herausreißen würde aus seiner lähmenden Resignation» und dessen Erscheinen als Befreier begrüßt.[83] Mit den Handlungen dieses «Volkskanzlers» und dessen Partei gehe er konform. So sei es etwa ein «glücklicher Gedanke Adolf Hitlers» gewesen, «den 1. Mai an Stelle der sozialdemokratischen Maifeier zu einem hohen Festtag der nationalen Arbeit umzugestalten. Zu den begeisterten Bekennern der Ehrung und Verherrlichung der Arbeit ist der Kronprinz zu zählen». Der «Volkskanzler» habe dem deutschen Volk zugerufen: «Deutsches Volk, du bist stark, wenn Du eins wirst!» Goebbels habe gemahnt: «Deutsche aller Stämme, Stände und Berufe reicht Euch die Hände. Geschlossen marschieren wir in die neue Zeit hinein!» Der Kronprinz habe schon 1921 ausgerufen: «Den deutschen Geist rufe ich auf, den laßt erstarken: denn der Geist schafft die Tat und das Schicksal, und sinnlos ist das Werkzeug ohne ihn! – Seid Deutsche vor allem! –».[84]

Für die Ziele Hitlers und der NSDAP, mit denen Wilhelm sich identifizierte, trat er am 6. September 1933 bei der Weihe des Langemarck-Denkmals in Naumburg ein; hier zusammen mit seinem gleichnamigen Sohn Wilhelm.[85] Dem Exkronprinzen wurde dort ein großer Empfang bereitet unter überaus starker Beteiligung der Naumburger Bürger: «Trommelwirbel», «Ehrenkompanie», «Jubelrufe», «Blumen über Blumen» von der versammelten Menge. Mit seinem Sohn schritt er kurz nach der Ankunft die Front der Ehrenkompanie ab.[86] Das Denkmal war von Stahlhelm-Studenten errichtet worden, die auch die Feier unter zahlreicher Beteiligung von SA, SS und NS-Studentenbündlern ausrichteten. Die Ideologie des «neuen Staates» bestimmte auch die ganze Orientierung. Ziel des Denkmals und der Veranstaltung war weniger die Ehrung der bei Langemarck 1914 Gefallenen denn die erweiterte Mythisierung der angeblich für das Vaterland freudig in den sicheren Tod gegangenen Jugendlichen. Deren Einstellung sollte der «Jugend im neuen Reich» Vorbild sein. Sie sollte bereit sein, für den Führer «zu leben, zu handeln, und wenn es sein muß, in den Tod zu gehen, denn Sie sind Deutschland, Adolf Hitler!», ganz so wie Reichsjugendführer Baldur von Schirach formuliert hatte.[87] Begonnen als Veranstaltung des Stahlhelm und des Stahlhelm Studentenrings Langemarck stand am Ende die Gleichsetzung der Ideen des Stahlhelms mit denen der Nazis, war die Unterordnung der Stahlhelm-Studenten unter den NS-Studentenbund gewollt und nicht zu übersehen. All dies öffentlich zu bezeugen, die Eingliederung in den «neuen Staat» zu befördern und dafür einzustehen, waren, wie die Berichte belegen, der Exkronprinz und sein Sohn gekommen.

Die Eingliederung des gesamten Stahlhelm-Bundes in die SA, auf die Wilhelm seit Anfang 1932 hingearbeitet hatte, erfolgte schließlich am 23. und 24. September 1933 in Hannover bei der Reichsführertagung des Stahlhelm. «Vor allem wird sie die vollständige Verbundenheit der unter einheitlicher Führung zusammengeschlossener braunen, grauen und schwarzen Kolonnen auch nach außen hin erkennen lassen, was besonders auch durch die Teilnahme der Obersten SA.-Führung seinen sichtbaren Ausdruck findet», hieß es in der Presse.[88] Wilhelm marschierte hier neben dem Stabschef der SA Ernst Röhm. «6000 Frontführer aller Rangstufen, vom Generalobersten Heye bis zum Kriegsleutnant, vom Hohenzollernprinzen – Prinz Eitel Friedrich und Prinz Oskar, am Arm die Hakenkreuzbinde für SA – sind zur Stelle und warten auf den Frontsoldaten, den Kanzler Hitler.»[89] Ebenso der Exkronprinz, ebenfalls mit Hakenkreuzbinde. Der Stahlhelm trat jetzt unter das Kommando Hitlers. Wilhelm bekräftigte es, wie man auf einem Foto sehen kann,[90] nach der Führerrede auf der Ehrentribüne des Stadions von Hannover mit zum Hitlergruß erhobener Hand.

Der Exkronprinz hatte seine Wertschätzung der SA vor den Augen des Stahlhelm und der Öffentlichkeit ja schon 1932 in dem im Oktober jenes Jahres bekannt gewordenen Brief an Reichswehrminister Groener bekannt, und er hatte dies eine Woche vor dem Stahlhelmtag in Hannover – für jedermann offensichtlich – erneut getan. Auf dem Weg zu einem SA-Sportfest in Solingen war ein mit 46 SA-Männern besetzter Lastkraftwagen aus Bochum verunglückt. Dabei waren das Kind des Fahrers und zehn SA-Männer ums Leben gekommen.[91] Die Beisetzung der Toten wurde von den Nationalsozialisten höchstfeierlich begangen, fast einem Staatsbegräbnis gleich. Von 60–70 000 Mann berichtete die Presse, von zwei Trauerkapellen, den Vertretern von Hitler und Göring, Gauleiter Wagner, hohen SA-Führern, dem Polizeipräsidenten, SA-Abordnungen, den Oberbürgermeistern von Bochum und von Solingen – «und als Vertreter des Kronprinzen war Oberstleutnant [Günther] v. Einem erschienen».[92]

Wilhelm hatte offensichtlich als politische Größe im Zusammenhang dieser Feierlichkeiten nicht fehlen wollen, bei denen die Namen der Toten keine Rolle spielten, wie man lesen beziehungsweise nicht lesen konnte, umso mehr aber «die Liebe und Treue der toten Kameraden zur nationalen Bewegung und ihrem Führer Adolf Hitler».[93]

Persönlich anwesend war Wilhelm dreieinhalb Wochen später beim Appell der schlesischen SA. An diesem 8. Oktober 1933 waren in Breslau 80 000 SA-Männer zusammengekommen, um vor ihrer Führung zu paradieren. Hitler und Göring «waren leider am Erscheinen verhindert», und so nahm Stabschef Röhm den Aufmarsch ab, zusammen mit dem Reichsführer-SS Heinrich Himmler, SA-Gruppenführer August Wilhelm Prinz von Preußen sowie dem Exkronprinzen und seinem Sohn Wilhelm. Die SA werde, sagte Röhm, dem Führer die Treue halten, das eigene Ich zurückstellen und sich rückhaltlos einsetzen für das Wohl des Volkes. «Er schloß mit einem brausend aufgenommenen dreifachen Sieg-Heil auf den Obersten SA.-Führer und Volkskanzler Adolf Hitler.»[94]

Dass Wilhelm bei all seinen öffentlichen Handlungen für den «neuen nationalsozialistischen Staat», besonders aber für den Führer der Nationalsozialisten, für Adolf Hitler, eintrat, konnte niemand bezweifeln, war, im Gegenteil, jedermann offensichtlich, denn Wilhelm tat dies immer wieder öffentlich kund. Im Verlauf seiner im englischen «Sunday Dispatch» erscheinenden «Erinnerungen» kam er Ende Juli 1933 bewusst «auf das neue Deutschland und Hitler zu sprechen»; wie zuvor verbreitete die Telegraphen-Union seine Ansicht auch im Reich. Die Hoffnung der Welt, schrieb Wilhelm, liege bei großen Persönlichkeiten:

«Anstatt unsere ganze Findigkeit auf die Schaffung neuer

Maschinen zu lenken, laßt uns menschliche Motoren sehen wie Mussolini. Deutschland – ich spreche auf Grund persönlicher Beobachtungen und Eindrücke – hat das Glück am Steuer seiner Regierung in Adolf Hitler eine Persönlichkeit vom Format Mussolinis zu haben. 14 Jahre lang» – Wilhelm übernahm hier eins zu eins die nationalsozialistische Erzählung – «rang Hitler um die Seele Deutschlands, indem er seine ganze und volle geistige, moralische und körperliche Kraft einsetzte. Hitlers Leistungen sind meiner Meinung nach eine absolute Garantie, daß er trotz der großen Schwierigkeiten, die ihm im Wege stehen, daß große Ziel erreichen wird, daß er sich als Staatsmann gesetzt hat. Hitlers kühner und erbarmungsloser Kampf gegen den Marxismus hat Deutschland mehr als irgend etwas anderes vorm Marxismus gerettet. Wenn das Gespenst der roten Gefahr jetzt gebannt ist, dann ist diese Tatsache von der größten Wichtigkeit und Bedeutung für Europa, für Amerika und für die ganze zivilisierte Welt. Unter diesen Umständen scheint es mir um so bedauerlicher, daß sogar heute noch weite Kreise der englischen Oeffentlichkeit eine vollkommen falsche Auffassung von Hitler, seiner Persönlichkeit, seinen Leistungen und seinen Zielen haben. Ich schreibe dies den falschen Informationen zu, die absichtlich von deutschen Linkskreisen ausgestreut werden. Ich hoffe und ich bin überzeugt, daß in kurzem die übrige Welt ihr Urteil über Hitler revidieren wird im selben Maße, wie sie es von Benito Mussolini getan hat.»[95]

Werbung für den nationalsozialistischen Führer und Reichskanzler machte der Exkronprinz ebenso in politisch seichterer Form. Sein Wort hatte selbst in solchem Zusammenhang Gewicht, wurde wahrgenommen und verbreitet – so durch den Standarten-Verlag in Leipzig, wo 1933 das Werk «Heil Hitler

Dir! Das Volksliederbuch für das neue Deutschland» erschienen war. Das der Sammlung ihren Titel gebende Lied schmetterte die Strophen «Deutschland erwache aus Deinem bösen Traum! / Gib fremden Juden in Deinem Reich nicht Raum! / Wir wollen kämpfen für dein Auferstehn! / Arisches Blut soll nicht untergehen! / … / Wir sind Kämpfer der N.S.D.A.P.: / Treudeutsch im Herzen, im Kampfe fest und zäh. / Dem Hakenkreuze ergeben sind wir. / Heil unserm Führer, Heil Hitler Dir! / …» in die Welt – und fand Wilhelms begeisterte Zustimmung. Die «Deutsche Freiheit» zitierte aus dem Brief des Exkronprinzen an den Verlag, der an die Presse gegeben worden war, die Zeilen: «Seine Kaiserliche Hoheit der Kronprinz hat mich beauftragt, für die freundliche Uebersendung der beiden in ihrem Verlag erschienenen Schriften ‹Heil Hitler Dir› und ‹Vom Ersten zum Dritten Reich› herzlich zu danken. Der Kronprinz hat von dem Inhalt mit Interesse und Beifall Kenntnis genommen und seiner Freude über die vortrefflich gelungenen Schriften Ausdruck gegeben. Mit ‹Heil Hitler› und ‹Front Heil› gez. Berg, Hofrat.»[96]

Am 10. September verkündete Wilhelm, die Argumentation der Nationalsozialisten, insbesondere die des Reichspropagandaministeriums aufnehmend und verstärkend, in der «New York Herald Tribune», die «propagandistischen Angriffe auf Deutschland» ließen sich nur aus der Furcht der Nationen der Welt erklären, «daß Deutschland unter der ‹klarsehenden und energischen Führung des Volkskanzlers Adolf Hitler› sich den Platz an der Sonne zurückerobert, den es einstmals inne hatte.» Und weiter führte er, der nationalsozialistischen Diktion folgend, aus: «Als Ergebnis der heutigen internationalen Propaganda, bei der Juden und Marxisten eine führende Rolle spielen, … erhält die Welt ein Bild über Deutschland, das keineswegs den Tatsachen entspricht. Ich kann mit voller Überzeugung feststellen, … daß die Weltgeschichte wohl keine andere Revolution zu nennen weiß, die so frei von Ungesetzlichkeiten und Bluttaten durchgeführt worden ist.» Die Zeit werde kommen, «wo die Welt Hitler danken wird, daß er nicht allein Deutschland vor dem Bolschewismus gerettet hat, sondern die ganze Zivilisation».[97] Selbst in seinem Glückwunschschreiben an den Reichspräsidenten zum 86. Geburtstag Anfang Oktober pries Wilhelm Hitler mehr als Hindenburg, indem er diesen lediglich als den Mann lobte, «der durch die Berufung Adolf Hitlers zum Kanzler des Reiches den Weg gebahnt habe, der für den Wiederaufstieg des Vaterlandes der allein gegebene ist», wie die Zeitungen berichteten.[98]

Zum 12. November 1933, dem Tag, an dem die Nationalsozialisten Neuwahlen zum Reichstag und eine Volksabstimmung über ihre bisherige und zukünftige Politik angesetzt hatten, ließ Wilhelm in vielen Zeitungen dann einen Werbetext für das Regime erscheinen: «Novembertage».[99] Darin behandelte er die bedeutendsten Novembertage der letzten 25 Jahre: Den 10. November 1908, an dem «der Parlamentarismus marxistisch-demokratischer Prägung» durch den Aufruhr, den die ‹Daily-Telegraph-Affäre› im Reichstag verursachte, «seinen ersten folgenschweren Sieg über das im Träger der Krone verkörperte Persönlichkeitsprinzip» errungen habe; den 9. November 1918, an dem «das Kaiserreich dem verräterischen Dolchstoß einer ebenso sinnlosen, wie unmännlichen Revolution» erlegen sei; den 8. bzw. 9. November 1923, an dem Hitler versucht habe, «die innere Wiederauferstehung der Nation als Voraussetzung für die äußere Befreiung durch Kampf zu erzwingen»; sowie den 12. November 1933, «an dem das endlich erwachte Volk» – Wilhelm bediente sich der Nazi-Sprache – «auf die vom Führer gestellte Schicksalsfrage Antwort geben soll». Die erwähnten «geschichtlichen Vorgänge» seien «sichtbare Wegmarken an den Wendepunkten eines Weges, der von stolzer Höhe» – dem Kaiserreich – «in tiefste Erniedrigung» – zur Republik – «und wieder empor zu neuem Licht» – dem Führerstaat – hinführe.

In den folgenden Absätzen begründete der Exkronprinz seine Auswahl, auch unter argumentativer Zuhilfenahme von Ausführungen Hitlers in «Mein Kampf». Der 9. November 1918, die Kapitulation des Deutschen Reichs im Ersten Weltkrieg, sei die Quittung für den 10. November 1908 gewesen, für den «Parlamentarismus marxistisch-demokratischer Prägung», der in der ‹Daily-Telegraph-Affäre› im Reichstag, «seinen ersten folgenschweren Sieg über das im Träger der Krone verkörperte Persönlichkeitsprinzip» errungen habe. Fünf Jahre seien vergangen «bis ein erster Gegenschlag gegen die Verderber von Volk und Vaterland versucht wurde». Unternommen von «einem kleinen Häuflein der edelsten und besten Söhne Deutschlands unter Adolf Hitlers Führung» am 8. und 9. November 1923. Sie hätten «das klare und helle Feuer nationaler Selbstbestimmung und seelischer Wiedererstarkung … zur lodernden Flamme offener Empörung entfacht». Doch sei diese leuchtende Zukunft verraten worden. Aber dem Führer habe «sein felsenfester Glaube an das deutsche Volk und an seine Bestimmung die Kraft [verliehen], das scheinbar der Vernichtung anheimgefallene Werk auf veränderter und verbreiterter Grundlage als nationale Einheitsfront aller im Herzen wirklich treuen Deutschen neu aufzubauen». Hitlers seelische Größe habe ihm «die Anwartschaft auf die Führung des Deutschen Volkes» gegeben. Nach zehnjährigem Kampf habe Hitler gesiegt, «das Gebäude des dritten Reiches» errichtet und es fest «im Persönlichkeitsprinzip verankert». Zu Hitler und dem nationalsozialistischen Führerstaat, so schließt Wilhelm seinen Beitrag, sollten sich jetzt, am 12. November 1933, alle mit einem freudigen «Ja» bekennen. Dies sei «Ehrenpflicht und Dankesschuld zugleich für jeden, sei er, wer er sei, in dessen Brust ein deutsches Herz schlägt». Dieses neue Reich solle «über die Stürme der Gegenwart und der Zukunft hinaus in alle Ewigkeit Bestand haben».[100]

Für diesen neuen Staat trat er denn auch 1934 als hochrangigster Repräsentant der alten Eliten öffentlich ein und auf. Zu Beginn des neuen Jahres erschien der Exkronprinz zusammen mit dem Reichssportführer von Tschammer und Osten am 7. Januar zum 22. Berliner Hallensportfest im Sportpalast. Nach einem «Siegheil» auf den Reichskanzler und den Reichspräsidenten und dem Absingen des Deutschland- und Horst-Wessel-Liedes begannen die Wettkämpfe. Wilhelm, der noch in der Uniform des alten Heeres gekommen war, auf deren Kragen er SS-verwandte Totenköpfe hatte anbringen lassen, wurde bei dem Hoch auf Kanzler und Präsident zusammen mit von Tschammer und Osten mit zum Hitlergruß erhobenem Arm fotografiert; der Kommandeur der Heeressportschule Oberstleutnant von Altvater-Mackensen grüßte rein militärisch.[101]

Bei der nächsten großen volkstümlich aufgezogenen Veranstaltung des nationalsozialistischen Staates, der großen Autoschau in den Ausstellungshallen am Kaiserdamm in Berlin am 8. März, zeigte sich Wilhelm dann nicht mehr in den Kleidern des alten Heeres, sondern in einer Parteiuniform. «Kronprinz Wilhelm in der Uniform der Motor-SA», hielt die Presse eigens

Exkronprinz Wilhelm (Mitte) mit Oberstleutnant Arnold von Altvater-Mackensen, dem Kommandeur der Heeressportschule (links), und Reichssportführer Hans von Tschammer-Osten (rechts) beim 22. Berliner Hallensportfest am 07.01.1934 auf der Ehrentribüne im Berliner Sportpalast

fest.[102] In den Tagen zuvor hatte sich Wilhelm erstmals öffentlich im Gewand der SA präsentiert, als für die Brandenburgische Winterfahrt die Automobile der Teilnehmer auf der AVUS abgenommen wurden: «Der Kronprinz trug zum ersten Male die SA-Uniform der Motorbereitschaft», hieß es in Wort und Bild.[103] Für die Öffentlichkeit spiegelte dies seine Zustimmung zum und seine Zufriedenheit mit dem Regime wider. Am 9. März wurde er wieder mit Reichssportführer von Tschammer und Osten erblickt, in der Berlin-Wilmersdorfer Tennishalle beim Boxwettkampf.[104]

SA-Uniform trug Wilhelm nun auch für eine «Foto-Homestory», die am 22. April 1934 in der dänischen Zeitschrift «Berlingske illustreret Tidende» erschien, überschrieben mit «Hos den kejserlige S. A.-Mand i Potsdam» (Bei dem kaiserlichen SA-

Mann in Potsdam). Er präsentierte sich den Betrachtern und Lesern im Schloss Cecilienhof in seiner Motor SA-Uniform mit Hakenkreuzbinde am Arm vor dem Spiegel stehend sowie sitzend zwischen seinen Söhnen Friedrich und Hubertus, ebenfalls in SA-Uniformen angetan, im Weißen Saal des Schlosses. In der Bildreportage ließ der Exkronprinz die Betrachter auch wissen, was er gerade las: Hermann Görings «Aufbau einer Nation». Das Buch hatte er für das Foto von sich am Schreibtisch sitzend deutlich lesbar ins Bild gerückt, damit es jedermann gut erkennen könnte. «Als aber die Not am größten geworden war, schenkte der Herrgott dem deutschen Volke den Retter ... Aus der Urkraft des Volkes selbst schritt Adolf Hitler hervor und nahm das deutsche Schicksal in seine reinen, starken Hände», konnte man darin lesen, und: «Unverändert ist aber unser Programm durch alle Stürme hindurchgetragen worden[,] und unverändert wird es auch in Zukunft das Fundament Deutschlands bleiben.»[105] Dass die Monarchie in Deutschland in der Zukunft keine Rolle mehr spielen würde, sondern nur noch der Nationalsozialismus, damit hatte er sich, wie dieses Foto belegt, längst abgefunden, mehr noch: Er war augenscheinlich zufrieden damit.

Ebenso galt dies für die als ‹Röhm-Putsch› in den Sprachgebrauch eingegangene Ermordung interner und externer Gegner der Naziführung um Hitler am 30. Juni 1934 durch Hitler selbst («Aktion des Führers») und die SS. Der Mordaktion fielen auch Wilhelms alter Freund Kurt von Schleicher sowie dessen Frau zum Opfer. Nun ohne gefährliche Gegner und nach Hindenburgs Tod am 2. August 1934 zugleich Reichspräsident, nach seiner Festlegung «Führer und Reichskanzler», hatte sich Hitler an der Spitze des Staates sicher festgesetzt; die Wehrmacht war jetzt auf ihn vereidigt. Das Regime habe, erklärte Goebbels am 11. Juli in einer Rundfunkrede quasi abschließend, «durch die Beseitigung der Meuterer erst seine letzte Festigung erhalten».[106] Die gelenkte, für den 19. August angesetzte Volksabstimmung über die Reichspräsidentschaft Hitlers diente vor allem der Legitimierung des «Führers» vor den Augen der Welt. Wilhelm unterstützte Hitler bei seinem Vorgehen öffentlich durch sein Auftreten und Verhalten sowie durch Interviews, die er verschiedenen Zeitungen gab, was, wie man in einem eigenen Drahtbericht der «Badischen Presse» lesen konnte, der «Daily Telegraph» vermeldete. Die Londoner Zeitung erwähnte in diesem Artikel ein Interview des Exkronprinzen in Paris, in dem Wilhelm den Hohenzollern nur geringe Aussichten auf eine Rückkehr an die Macht einräumte.[107] Dass die Auslandspresse verbreitet hatte, er und sein Bruder August Wilhelm, ja alle «Hohenzollernprinzen» seien im Zuge der «Säuberung» des 30. Juni festgenommen worden, unter Hausarrest gestellt oder ins Ausland geflohen, focht ihn nicht an.[108] «Das Ausland», so sagte der Exkronprinz dem Journalisten Bertrand de Jouvenel vom Pariser «Petit Journal» Anfang August in Potsdam, «kann die Dankesschuld nicht ermessen, die das deutsche Volk gegenüber Adolf Hitler eingegangen ist. Er ist ein unvergleichlicher ‹Energielehrer›. Es gibt nichts, was wir nötiger gehabt hätten. Er hat durch die Kraft seines Magnetismus die historische Entwicklung der deutschen Nation umgebogen. Daran wird sich nichts ändern lassen, was auch die Zukunft noch bringen mag.»[109] Aus dem Französischen wörtlich übersetzt: «Das Ausland kann die Dankesschuld der deutschen Nation gegenüber Adolf Hitler nicht verstehen. Er war ein Lehrer von unvergleichlicher Energie, und es gab nichts, was wir mehr brauchten. Er hat mit der Kraft seines Magnetismus die historische Entwicklung der deutschen Nation beeinflusst. Und das ist eine Selbstverständlichkeit, egal, was jetzt passiert.»

Das «Berliner Tageblatt» zitierte Wilhelm aus dem französischen Artikel folgendermaßen: Der Führer «besitze jene unüberwindliche Willenskraft, an der es dem Nachkriegsdeutschland so sehr gefehlt habe. Geleitet von dieser Energie und von der gewaltigen Macht seiner Person habe Hitler das deutsche Volk zu historischer Erhebung geführt».[110] Dass solche Worte Wilhelms Gewicht hatten, davon war Jouvenel überzeugt: «En tout cas, l'ex-kronprinz est à considérer comme un facteur de la politique allemande. – Auf jeden Fall ist der Exkronprinz als ein Faktor der deutschen Politik zu betrachten», teilte er allen Lesern mit.[111]

Im Verlauf des Jahres 1934 wurden die Äußerungen und Auftritte des Exkronprinzen, die Niederschlag in der Presse und damit Aufnahme in der Öffentlichkeit fanden, in dem Maße weniger, in dem das nationalsozialistische Regime sich fest eingerichtet hatte und, ohne auf irgendwen und irgendetwas Rücksicht nehmen zu müssen, frei schalten und walten konnte.[112]

Hitler und die Nationalsozialisten waren seit dem 30. Juni, spätestens aber seit dem 2. beziehungsweise 19. August, als Hitler sich die Nachfolge Hindenburgs nahm, in Deutschland fest etabliert. Sie waren – auch dank Wilhelms Engagement für deren Sache – jetzt wirklich Alleinherrscher. Der Exkronprinz hatte dazu für die Öffentlichkeit und in deren Augen durch seine seit 1930 zunehmenden politischen Auftritte sowie seine an die Nachrichtenbüros gegebenen Äußerungen beigetragen. Diese Handlungen waren von der Presse aufgenommen und im ganzen Land verbreitet worden. In den letztlich entscheidenden Jahren des Aufstiegs und der Festigung Hitlers und des Nationalsozialismus von Anfang 1932 bis Mitte 1934 trat Wilhelm stetig, fast monatlich, öffentlich auf, um seine Identifikation mit den Zielen der Nationalsozialisten zu bezeugen und durch seine Handlungen und Worte für das Wachstum der nationalsozialistischen Bewegung und deren Zugriff auf die Staatsmacht zu werben.

Nachwort

Am 30. April 1945 nachmittags entzog sich Adolf Hitler im Bunker unter der Reichskanzlei am Potsdamer Platz in Berlin der Verantwortung für sein verbrecherisches, menschenverachtendes Handeln als «Führer und Reichskanzler» seines «Dritten Reichs» durch Selbstmord. Ebenso schied einen Tag später der ehemalige Reichspropagandaminister Joseph Goebbels, den Hitler in dem kurz vor seiner Selbstentleibung diktierten politischen Testament noch zum Kanzler des Reichs ernannt hatte, aus dem Leben; er zerbiss eine Blausäurekapsel.[1] Der Kampfkommandant Berlins, General Helmuth Weidling, übergab die Stadt am 2. Mai an den sowjetischen General Wassilij Tschuikow. In der Nacht vom 6. auf den 7. Mai kapitulierte die deutsche Wehrmacht, vertreten durch Generaloberst Alfred Jodl, bedingungslos im Obersten Hauptquartier der Alliierten Expeditionsstreitkräfte (SHAEF) in Reims in Frankreich. Die Kapitulation trat zum 8. Mai in Kraft. Die Urkunde wurde auf Stalins Verlangen kurz nach Mitternacht des 8. Mai noch einmal im Hauptquartier der Roten Armee in Berlin-Karlshorst durch Generalfeldmarschall Wilhelm Keitel unterzeichnet. «Das Deutschland, das Adolf Hitler hervorgebracht hatte, das seine Zukunft in seiner Vision erblickt hatte, das ihm so bereitwillig gedient und seine Hybris geteilt hatte», war «erledigt».[2] Jetzt ging es vor allem darum, nach vorne zu schauen, und alles, was gewesen war, am besten hinter sich zu lassen, zu verschweigen, zu vergessen oder vorzugeben, nichts gesehen, gehört und gewusst zu haben.

Exkronprinz Wilhelm hatte sich schon zu Beginn des Januars 1945 von Schloss Cecilienhof, wo er das Weihnachtsfest 1944 gefeiert hatte, aus der Berlin-Potsdamer Gegend «mit leichtem Gepäck» gen Süden abgesetzt. «Im Stillachhaus, einem etwa vierzig Meter oberhalb von Oberstdorf gelegenen Sanatorium, unterzog er sich einer vierwöchigen Kur und genoß die Ruhe in der Bergwelt des Allgäus.»[3] Anschließend begab er sich, von Baron Bockelsberg eingeladen, nach Vorarlberg, in dessen Jagdhaus in der Nähe von Baad im Kleinwalsertal unweit Bregenz. Am 4. Mai marschierten die marokkanischen Soldaten des französischen 3. Spahi-Regiments in das kleine Örtchen ein. Unter den Schaulustigen, die den Einzug der Marokkaner verfolgten, befand sich auch der Exkronprinz. Er wurde von dem Kommandeur des Regiments, Oberst Christian Marie de Castries, der neun Jahre später als Kommandant der Festung Điện Biên Phủ zweifelhaften Ruhm erlangen sollte, erkannt. De Castries ließ Wilhelm umgehend verhaften und in das Hauptquartier der 1. französischen Armee nach Landau bringen. Dort traf Wilhelm auf ihm bekannte weitere Gefangene, den ehemaligen Reichsaußenminister Konstantin von Neurath und den ehemaligen Botschafter in Washington Hans Heinrich Dieckhoff. Nach drei Wochen in Haft wurde ihm gestattet, seinen fortbestehenden Arrest zunächst auf der Burg Hohenzollern in Hechingen zu verbringen, ab Oktober 1945 dann die «geräumige, elegante» Villa Wolf am Fuß der Burg zu beziehen. Ein Jahr später musste er in ein «einfaches Fünf-Zimmer-Haus in der Fürstenstraße 16» umziehen.

Im Lauf dieses Jahres 1945, berichtete Klaus W. Jonas in seiner Biografie des Exkronprinzen, sei Wilhelm von «in- und ausländischen Besuchern» immer wieder aufgefordert worden, seine «Erlebnisse und Erfahrungen ... mit Hitler und den anderen Größen des Dritten Reichs» aufzuschreiben.[4] Jonas, Professor für neuere deutsche Literaturgeschichte an der University of Pittsburgh in den Vereinigten Staaten, gehörte gleich Carl Lange zu den Biografen Wilhelms, die schon eingangs ihres Buches feststellten, dass es «unter den zahlreichen Darstellungen seiner Persönlichkeit» kaum eine Arbeit gebe, «deren Autor sich wirklich ernstlich bemüht, seine Erscheinung völlig objektiv, ohne alles tendenziöse Beiwerk, zu betrachten».[5] Jonas wollte deshalb, wie zuvor Lange,[6] «ein umfassendes detailliertes Lebensbild dieser vielverkannten und vielumstrittenen Persönlichkeit» geben.[7] «Aufs Wärmste begrüßt und ... in vielfältiger Weise unterstützt, nicht zuletzt durch seine Genehmigung zur Auswertung aller uns zugänglichen Briefe des Kronprinzen» – ein Privileg, das kürzlich erst wieder Lothar Machtan für seine Biografie erhalten hatte –, wurde Jonas' Plan, «eine vorurteilsfreie Biographie» seines verewigten Vaters zu schreiben, durch «Seine Kaiserliche Hoheit, Prinz Louis Ferdinand von Preußen, de[n] Chef des Hauses Hohenzollern».[8] Der Tenor des Jonas-Buches ist auf diese Weise, freundlich betrachtet, ein sehr wohlwollender geworden. Die Biografie kann man deshalb getrost in den von Stephan Malinowski beschriebenen Komplex der von den Hohenzollern durchdachten und gesteuerten Selbstdarstellung einordnen.[9]

Gerade das aber macht das Werk im Hinblick darauf, wie Wilhelm sich im «Dritten Reich» verortete, besonders interessant. Von Jonas erfuhr die deutsche Öffentlichkeit erstmals, dass der amerikanische Journalist Louis P. Lochner,[10] «ein Bekannter seines Sohnes, Prinz Louis Ferdinand», sich mit Erfolg für die Veröffentlichung von Wilhelms Memoiren aus der Zeit des Nationalsozialismus bei dem *Life*-Magazin eingesetzt hatte: «Und anfangs arbeitete der Kronprinz nun auch mit Freude an diesem schriftstellerischen Projekt.» Dass er demselben Louis P. Lochner schon 1932 ein Interview stark antidemokratischen Inhalts gegeben hatte, erfahren wir von Jonas jedoch nicht. Was Wilhelm «selber mit Tintenstift niederschrieb, wurde von zwei Hilfskräften, Dr. Harold J. Clem von der amerikanischen Armee und Ruth Hofmann, ins Englische übersetzt und redigiert. ... Das Manuskript von knapp dreißig Schreibmaschinenseiten [befindet] sich heute im Besitz des Chefs des Hauses Hohenzollern. ... Der Verfasser betont [darin], wie stark er von Hitlers Rede am ‹Tag von Potsdam› bewegt war und wie fest er damals an das Versprechen glaubte, daß der Führer die Krönung seines Werkes in der Wiedereinführung der Monarchie in Deutschland sehe.»[11]

Mit diesem bis heute, zuletzt von Lothar Machtan in seinem Buch «Der Kronprinz und die Nazis», immer wiederholten angeblich einzigem Glauben und Wollen Wilhelms, dass die Monarchie wiederkäme, er dann Kaiser würde, wollte der Exkronprinz sein Eintreten für Hitler und den nationalsozialistischen Staat erklären, beschwichtigen, verharmlosen. Mehr Anteil, sollte dies ausdrücken, habe er an dem «Deutschland, das Adolf Hitler hervorgebracht hatte, das seine Zukunft in seiner Vision erblickt hatte, das ihm so bereitwillig gedient und seine Hybris geteilt hatte», nicht gehabt. Überhaupt habe Wilhelm das Unheil kommen sehen und «Hitler stets für einen ‹wahnsinnigen Schwätzer› gehalten». Mit dem Dritten Reich und dem Krieg habe er nichts zu tun.[12]

Gegenüber Robert W. Kempner, dem stellvertretenden Hauptankläger der Vereinigten Staaten im Nürnberger Prozess gegen die Hauptkriegsverbrecher sowie im Wilhelmstraßenprozess gegen Beamte des Auswärtigen Amtes, äußerte sich der Exkronprinz in gleicher Weise. Kempner hatte ihn als Zeuge im Wilhelmstraßenprozess vernehmen wollen, und Wilhelm hatte der Ladung nur widerwillig zugestimmt. Jonas hat das Protokoll der Vernehmung am 17. Juni 1947 in seiner Biografie veröffentlicht – unkommentiert.[13] Daraus geht hervor, dass der Exkronprinz sich schon nicht mehr erinnern konnte oder wollte, wann er Hitler das erste Mal gesprochen hatte. Aber es sei vor «der Machtergreifung» gewesen. Da sei Hitler in seine Wohnung gekommen. In seinem Erinnerungsmanuskript beschreibt Wilhelm mit recht herablassenden Worten und ohne Angabe eines Datums seine Begegnung mit Hitler im Haus seines Adjutanten Louis Müldner von Mülnheim.[14]

Auf Kempners Frage nach dem Zweck von Hitlers Besuch antwortete Wilhelm: «Er hatte keinen Zweck, aber mich interessieren Leute, die irgend etwas bedeuten. Ich dachte, Hitler hat eine große Volksbewegung in Gang gesetzt: diesen Mann möchte ich kennenlernen. Bei dieser Besprechung sagte ich ihm, daß ich sein Vorgehen gegen die Juden und die katholische Kirche nicht für richtig halte. … Man merkte in der ganzen Tendenz die Ablehnung der Kirche, die Ablehnung der Juden.»

Gleiches hatte er auch schon bei seiner Verhaftung durch die Franzosen behauptet: «Ich habe ihn [Hitler] zwei- oder dreimal gesehen und jedes Mal habe ich ihm gesagt, dass er Fehler machte. Ich warnte ihn besonders vor den Katholiken- und Judenverfolgungen, aber Hitler hatte einen richtigen Hass gegen die Juden. … Das deutsche Volk habe sich wie Idioten benommen. Erst folgte es Ebert, dann Hindenburg, dann Hitler.»[15] Sehr früh also, will Wilhelm gegen den Umgang der Nationalsozialisten mit den Juden und auch den Katholiken, was erstaunt, protestiert haben. Sein Auftreten an der Seite der Nationalsozialisten, insbesondere bei deren Propagandaveranstaltungen im Berliner Sportpalast, sowie seine Einlassungen für die Öffentlichkeit in der Presse zwischen 1932 und 1934 erweisen jedoch das Gegenteil. Der Exkronprinz ist im Nachkriegsdeutschland danach nie gefragt worden, was es ihm leicht machte, diese Dinge zu verschweigen oder gegebenenfalls zu verklären. Lediglich «Die Zeitung. Londoner deutsches Wochenblatt» erinnerte sich noch: «Das Gedächtnis seiner Kaiserlichen Hoheit ist nicht ganz zuverlässig. 1933 wurden in Berliner Schreibwarengeschäften Postkarten verkauft, auf denen sich der Kronprinz im braunen Hemd der SA präsentierte», und fragte ironisch: «Gehörte er damals zu den Idioten oder war es eine der am ehemaligen kaiserlichen Hof so beliebten Maskeraden?»

Auch in die Befragung durch Kempner bringt Wilhelm wiederum die angebliche Restitution der Monarchie durch Hitler ein. Dieses Mal in einer kleinen Variation. «Ich sehe die Krönung meines Werkes in der Wiederherstellung des deutschen Kaiserreiches unter Beseitigung der Bundesstaaten. Ich denke mir, daß dann ein Hohenzoller an der Spitze steht», soll Hitler in Schloss Cecilienhof gesagt haben. Doch er, Wilhelm, habe damals das Gefühl gehabt: «C'est pour la galérie»; alles sei ein Schwindel. Im Gegensatz zu seinen Ausführungen in dem Memoiren-Manuskript will er nun niemals an eine Restitution der Monarchie, an eine Wiedereinsetzung seines Hauses durch Hitler geglaubt haben.

Sollte dies tatsächlich der Fall gewesen sein, wird, wenn er mit Hitler und dem Regime nichts zu tun gehabt haben wollte, wie er in seiner Haft nach dem Krieg französischen Zeitungen erzählte,[16] noch unverständlicher, warum er die Nähe der Nazis suchte und deren Führer und die nationalsozialistische Bewegung durch Wort und Bild unterstützte. Etwa dadurch, um nur noch einmal ein Beispiel zu wiederholen, dass er 1932 als Reichspräsident kandidieren und nach seiner Wahl Hitler als Reichskanzler einsetzen wollte, wenn er angeblich doch völlig klar gesehen habe, «daß Hitler ihn nur aufstellen wollte, um die Kandidatur Hindenburgs unmöglich zu machen», wie der ehemalige Reichskanzler Heinrich Brüning am 2. November 1957 (!) in einem Brief an Jonas schrieb.[17] Zu Recht fragte sich sein Enkel Friedrich Wilhelm Prinz von Preußen 1985, «warum der Kronprinz den Kaiser dann überhaupt um Erlaubnis zur Kandidatur bat».[18] Jedenfalls entfällt dann der nach wie vor gerne vorgebrachte Entschuldigungsgrund, dem Exkronprinzen sei es immer nur um die Wiedereinführung der Monarchie gegangen.

Auf Kempners Frage nach Wilhelms Position zu dem von Hitler begonnenen Krieg antwortete der Exkronprinz: «Ich war von Anfang an überzeugt, daß wir den Krieg verlieren würden, weil ich wußte, daß die ganze Welt gegen uns aufgeboten würde. Es war mir unverständlich, daß führende Männer das mitmachten.»[19] Das war schlicht gelogen. Am 20. September 1939 etwa, drei Wochen nach dem Einfall der Wehrmacht in Polen, hatte Wilhelm aus Potsdam an Hitler geschrieben: «Sehr verehrter Herr Reichskanzler! Mein Führer! … Die von Ihnen neugeschaffene Wehrmacht hat grösste Leistungen aufzuweisen, auf die Führung und Soldat und das ganze Volk stolz sein können. Lassen Sie mich als Soldat und alter Armeeführer Ihnen, mein

Führer, die aufrichtigsten und herzlichsten Wünsche zum Ausdruck bringen. Sie haben Grosses vollbracht. … Mein Wunsch war es, wie Ihnen durch Generaloberst von Brauchitsch wohl gemeldet sein wird, in dieser ernsten und schweren Zeit ebenso wie meine Söhne an militärischer Stelle verwandt zu werden …»[20] Wilhelm wollte auch «mitmachen». Nach dem Sieg der Wehrmacht über Frankreich telegrafierte er Ende Juni 1940: «Mein Führer! Ihrer genialen Führung, …, ist es gelungen, … Holland und Belgien zur Kapitulation zu zwingen, die Trümmer des englischen Expeditionskorps in das Meer zu treiben und die sich tapfer wehrende französische Armee … vernichtend zu schlagen. … Der Weg ist frei für eine endgültige Abrechnung mit dem perfiden Albion. In dieser Stunde von größter historischer Bedeutung möchte ich Ihnen als alter Soldat und Deutscher voller Bewunderung die Hand drücken. Gott schütze Sie und unser deutsches Vaterland! Sieg Heil! Wilhelm, Kronprinz.»[21]

Der Exkronprinz hat nach dem Zusammenbruch des «Dritten Reichs» und dem Ende des Krieges das getan, was alle zu tun versucht haben, seine Spuren, die er in der Geschichte der Jahre von 1930 bis 1945 hinterlassen hat, zu verwischen oder wenigstens unkenntlich zu machen. Das ist ihm, weil er seine Bedeutung bewusst herunterspielte, sein Handeln und Tun geradezu ins Gegenteil zu verkehren bemüht war, lange Zeit gut gelungen. Erst nachdem sein Urenkel als Nachfahre des Universalerbens Wilhelm von Preußen Anspruch auf Entschädigung nach dem Ausgleichsleistungsgesetz erhob, das nach § 1 (4) ausschließt, wer u. a. «dem nationalsozialistischen … System … erheblich Vorschub geleistet hat», ist die Rolle des Exkronprinzen bei der Etablierung der nationalsozialistischen Herrschaft in

Deutschland wieder in den Fokus gerückt. Dank früherer Forschungen in Verbindung mit der zunehmenden Digitalisierung von Akten und Zeitungen lässt sich diese Rolle heute einfacher und umfänglicher als vormals bestimmen. Das ist gut. Es ist, was die Geschichtswissenschaft ausmacht.

Danksagung

Die durchgesehenen vorstehenden Beiträge sind zuerst zwischen März 2021 und August 2022 im Research Center Sanssouci (RECS) geschrieben und auf dessen Website online veröffentlicht worden. Das RECS, in dem die Universität Potsdam, vertreten durch Prof. Dr. Monika Wienfort, die Europa-Universität Viadrina, vertreten durch Prof. Paul Zalewski und die Stiftung Preußische Schlösser und Gärten Berlin-Brandenburg die gerade gescholtenen brandenburgischen, preußischen, deutschen Themen im europäischen Rahmen bearbeiten, bietet die für Forschungen so nötige gleichzeitig ruhige und anregende Atmosphäre.

Ihre Entstehung verdanken die Texte den Kenntnissen, dem Rat und Zuspruch sowie den Hilfen der Freunde. Dafür danke ich herzlich, an erster Stelle Stephan Malinowski und Karina Urbach, von deren weiterführenden Fragen und Wissen ich sehr profitiert habe. Äußerst dankbar bin ich Jessica Korschanowski, Truc Vu Minh, Heike Borggreve, Yvonne Rehhahn, Georg Herbert und besonders Franziska Windt. Detlef Felken, Bettina Corßen-Melzer und allen Beteiligten des Verlags C.H.Beck danke sehr ich für das Vertrauen und die Zusammenführung der Artikel in diesem Bändchen. Danke!

Jürgen Luh
Glücksburg, Ende Dezember 2022

Anmerkungen

Vorwort

1 Drei neuere Zusammenfassungen der Debatte: Winfried Süß: Eigentum, Monarchie und Moral in der Berliner Republik. Zum Streit um die Restitution des Hohenzollern-Vermögens, in: Jörg Ganzenmüller/Franz-Josef Schlichting (Hg.): Verstaatlicht, verkauft und vergessen? Zum Kulturgutentzug in der SBZ/DDR und der Frage nach Restitution, Weimar 2023; Siegfried Heimann: Die Debatte um einen «erheblichen Vorschub» der Hohenzollern gegenüber den Nazis, in: perspektiven ds 39 (2022), S. 136–151; Peter Steinbach: Die Farce als Tragödie. Anmerkungen zum Hohenzollernstreit, in: ebd., S. 152–161; Frederik Orlowski: Preußischer «Streisand-Effekt», in: DÖV 2023, 66.

2 Soweit bekannt, wurden von den zuständigen Potsdamer Behörden vier Gutachten der Historiker Christopher Clark, Stephan Malinowski, Peter Brandt, Wolfram Ptya / Rainer Orth sowie ein fünftes, der Öffentlichkeit nicht bekanntes, Gutachten von zwei Kunsthistorikern herangezogen.

3 Die bislang umfangreichsten Untersuchungen finden sich bei Lothar Machtan: Der Kronprinz und die Nazis. Hohenzollerns blinder Fleck, Berlin 2021, und Stephan Malinowski: Die Hohenzollern und die Nazis. Geschichte einer Kollaboration, Berlin 2021.

4 Paul Herre: Kronprinz Wilhelm. Seine Rolle in der deutschen Politik, München 1954; Klaus W. Jonas: Der Kronprinz Wilhelm, Frankfurt am Main 1962. Siehe auch: Friedrich Wilhelm Prinz von Preußen: «Gott helfe unserem Vaterland». Das Haus Hohenzollern 1918–1945. Mit 61 Seiten Dokumenten. Zweite durchgesehene und erweiterte Neuauflage, München 2003 (zuerst 1985).

5 Lothar Machtan: Wie Fotos Politik machen (sollen), in: Merkur 875 (April 2022), S. 87–92.

6 Frank-Lothar Kroll / Christian Hillgruber / Michael Wolffsohn (Hg.): Die Hohenzollerndebatte. Beiträge zu einem geschichtspolitischen Streit,

Berlin 2021; Lothar Machtan: Die Hohenzollern und die Nazis. Geschichte einer Kollaboration?, in: Cicero Online, ‹28.1.2022›.

7 Wolfram Pyta / Rainer Orth: Gutachten über die politische Haltung und das politische Verhalten von Wilhelm Prinz von Preußen (1882–1951), letzter Kronprinz des Deutschen Reiches und von Preußen, in den Jahren 1923 bis 1945 (Juni 2016), abrufbar unter: http://hohenzollern.lol/gutachten/pyta.pdf (eingesehen am 23.1.2023).

8 Sophie Schönberger: Geschichte vor dem Verwaltungsgericht. Zum Tatbestand des Vorschubleistens gegenüber dem nationalsozialistischen System nach § 1 Abs. 4 AusglLeistG, in: NVwZ 2022, S. 1753 ff.

9 Ulrich Herbert: Wer waren die Nationalsozialisten?, München 2021.

10 Christoph Schönberger: Wenn Prinzen träumen, in: FAZ vom 5.12.2019.

11 Andreas Wirsching: Doppelbesprechung zu den Neuerscheinungen von Lothar Machtan und Stephan Malinowski (Rezension), in: sehepunkte 21 (2021), Nr. 11 [15.11.2021], URL: http://www.sehepunkte.de/2021/11/36179.html (eingesehen am 23.1.2023); Martin Sabrow: «Erkenntnis und Evidenz. Zur zeithistorischen Bedeutung der Hohenzollerndebatte», in: Tagesspiegel vom 23.12.2022.

1. Düsseldorf 1933.

1 «Deutsche Reiter am Rhein. Der Waffentag der deutschen Kavallerie», in: Westfälischer Beobachter vom 03.07.1933.

2 Deutsche Kavallerie-Zeitung 6. Jg., Nr. 7 vom 01.07.1933, S. 92.

3 «Erziehung der Menschen für den neuen Staat». Eigener Bericht, in: Buersche Volkszeitung vom 03.07.1933.

4 Deutsche Kavallerie-Zeitung 6. Jg., Nr. 7 vom 01.07.1933, S. 99.

5 «Das Programm des Kavallerietages», in: Dresdner Nachrichten vom 10.07.1931 (Frühausgabe), S. 4.

6 Siehe «Appell in der Reiterstadt», in: Deutsche Illustrierte Nr. 27 vom 05.07.1932, S. 2.

7 «Kavalleristentag in Hannover» in: Karlsruher Tagblatt vom 20.06.1932, S. 2.

8 «Appell in der Reiterstadt», in: Deutsche Illustrierte Nr. 27 vom 05.07.1932, S. 2.

9 «Dritter Waffentag der deutschen Kavallerie», in: Rhein- und Ruhrzei-

tung vom 03.07.1933, S. 2; «Der große Kavalleristentag in Düsseldorf» in: Bergische Zeitung vom 03.07.1933, S. 1.

10 Michael Knauff: Das Schlageter-Nationaldenkmal auf der Golzheimer Heide in Düsseldorf, in: Geschichte im Westen 10 (1995), S. 168–191, S. 183.

11 K. R. Moritz: Wir braunen Soldaten, in: Deutsche Kavallerie-Zeitung 6. Jg., Nr. 7 vom 01.07.1933, S. 107.

12 «Deutsche Reiter am Rhein. Der Waffentag der deutschen Kavallerie», in: Westfälischer Beobachter vom 03.07.1933.

13 «Der Tag der deutschen Kavallerie», in: Lokal-Anzeiger für Stadt und Land vom 03.07.1933 (Morgen-Ausgabe), S. 1; «3. Waffentag der deutschen Kavallerie in Düsseldorf vom 1. bis 3. Juli 1933», in: Deutsche Kavallerie-Zeitung 6. Jg., Nr. 8 vom 01. 08. 1933, S. 117.

14 So in dem Foto-Erinnerungsband: 3. Waffentag der deutschen Kavallerie am 1., 2. u. 3. Juli 1933 in Düsseldorf [unpag.].

15 Dazu Theo Schwarzmüller: Zwischen Kaiser und Führer. Generalfeldmarschall August von Mackensen, 2. durchgesehene Aufl., Paderborn u. a. 1996, S. 252 und S. 263.

16 Schwarzmüller: Mackensen (wie Anm. 15), S. 267.

17 Knauff: Das Schlageter-Nationaldenkmal auf der Golzheimer Heide in Düsseldorf (wie Anm. 10), S. 168–191, S. 183 ff.; «Ganz Deutschland ehrte Schlageter», in: Lokal-Anzeiger für Stadt und Land vom 29.05.1933 (Morgen-Ausgabe), S. 1.

18 Bundesarchiv, R 43 I, 2204, fol. 293 r.

19 20. Juni 1934, The Hoover Institution Archives, Stanford, Collection Number 77 020, nach Stephan Malinowski: Die Hohenzollern und die Nazis. Geschichte einer Kollaboration, Berlin 2021, S. 690, Anm. 80.

20 «Ganz Deutschland ehrte Schlageter», in: Lokal-Anzeiger für Stadt und Land vom 29.05.1933 (Morgen-Ausgabe), S. 1.

21 «Dritter Waffentag der deutschen Kavallerie», in: Rhein- und Ruhrzeitung vom 03. 07. 1933, S. 2; «Der große Kavalleristentag in Düsseldorf», in: Bergische Zeitung vom 03.07.1933, S. 1.

22 Die beiden letzten Absätze nach «Dritter Waffentag der deutschen Kavallerie», in: Rhein- und Ruhrzeitung vom 03. 07. 1933, S. 2, und «3. Waffentag der Kavallerie», in: Godesberger Volkszeitung vom 04.07.1933, S. 2.

23 «Der Tag der deutschen Kavallerie», in: Lokal-Anzeiger für Stadt und Land vom 03.07.1933 (Morgen-Ausgabe), S. 1.

24 «Der Tag der deutschen Kavallerie», in: Lokal-Anzeiger für Stadt und Land vom 03.07.1933 (Morgen-Ausgabe), S. 1.

25 «Der große Kavalleristentag in Düsseldorf», in: Bergische Zeitung vom 03. 07. 1933, S. 1.

26 Foto-Erinnerungsband: 3. Waffentag der deutschen Kavallerie am 1., 2. u. 3. Juli 1933 in Düsseldorf [unpag.].

27 Der Kronprinz plaudert über seine Eindrücke und Erinnerungen. «Ich bin von Düsseldorf begeistert!» (Aus einem Zeitungsinterview), in: Deutsche Kavallerie-Zeitung, 6. Jg., Nr. 8 vom 01.08.1933, S. 123.

2. Carl Lange und «Der Kronprinz»

1 Carl Lange: Der Kronprinz und sein wahres Gesicht, 7.–13. Tsd., Leipzig 1921, S. 7 f.

2 Lange: Der Kronprinz und sein wahres Gesicht (wie Anm. 1), S. 135 f.

3 Siehe Gedichte und Gedanken – ein Carl Lange Brevier, zusammengestellt von seiner Familie zu seinem 100. Geburtstag am 27. Januar 1985, München 1984 (= Schriftenreihe der Ost- und Westpreußenstiftung in Bayern, 2), S. 12 f., seine Tennis-Meisterschaften S. 132; Lange: Der Kronprinz und sein wahres Gesicht (wie Anm. 1), S. 7; Carl Lange: https://kulturportal-west-ost.eu/biographien/lange-carl-2 <31.03.2021> und Carl Lange: https://kulturstiftung.org/biographien/lange-carl-2 <31.03.2021>. Dort auch die Zitate. Auch der konservative Historiker Egmont Zechlin schrieb in seinen Erinnerungen Erlebtes und Erforschtes, 1896–1919, hrsg. v. Anneliese Zechlin, Göttingen, Zürich 1993, S. 53, über Lange: «… ein bekannter Lyriker und Freund des Kronprinzen …». Langes Bücher über Mackensen sind betitelt: Generalfeldmarschall Mackensen, ein Bild seines Lebens, Berlin 1935 (= Schlieffen-Bücherei: Geist von Potsdam, Bd. 10); August v. Mackensen, der Marschall Vorwärts des Weltkriegs, Langensalza, Berlin, Leipzig [1936] und Unser Mackensen im Südosten. Sein letzter Husarenstreich. Eine Erzählung, Stuttgart u. a. [1936].

4 Gedichte und Gedanken (wie Anm. 3), S. 13; Heinz Radke: «Lange, Carl» in: Neue Deutsche Biographie 13 (1982), S. 565 f. [Online-Version], URL: https://www.deutsche-biographie.de/pnd104043768.html#ndbcontent <14.04.2021>; abgedruckt auch in Gedichte und Gedanken (wie Anm. 3), S. 129–131; siehe auch https://kulturstiftung.org/biographien/lange-carl-2 <31.03.2021>.

5 «Treuekundgebung deutscher Schriftsteller», in: Vossische Zeitung vom 26. 10. 1933 (Morgen-Ausgabe), S. 2. Langes Vorname Carl ist hier mit K

geschrieben. Auch Franck, Halbe, Miegel und von Molo unterzeichneten. Siehe Siegfried von der Trenck: Volk und Führer. Deutsche Sonette, Berlin 1934 (= Schlieffen-Bücherei: Geist von Potsdam, Bd. 1), S. 36; Carl Lange: Der Kronprinz, Berlin 1934 (= Schlieffen-Bücherei: Geist von Potsdam, Bd. 3), S. 132, aus dem Band stammen die hier abgebildeten Fotos; Ernst Adolf Dreyer: Geistespolitische Aufgaben im Neuen Reich, in: Ernst Adolf Dreyer (Hrsg.): Deutsche Kultur im Neuen Reich. Wesen, Aufgabe, Ziel der Reichskulturkammer, unter Mitarbeit der Präsidenten und Präsidialratsmitglieder der Kammern, Berlin 1934 (= Schlieffen-Bücherei: Geist von Potsdam, Bd. 7), Verlagsanzeigen, S. 133–135.

6 Siehe etwa Von der Trenck: Volk und Führer (wie Anm. 5), S. 36; Lange: Der Kronprinz (wie Anm. 5), S. 132.

7 Adolf Hitler: Der deutschen Kunst als Zukunftsaufgabe, in: Dreyer (Hrsg.): Deutsche Kultur im Neuen Reich (wie Anm. 5), S. 9–19 (im Inhaltsverzeichnis unter: Der deutschen Kultur Zukunftsaufgabe); Joseph Goebbels: Die deutsche Kultur vor einem neuen Anfang, in: Dreyer (Hrsg.): Deutsche Kultur im Neuen Reich (wie Anm. 5), S. 23–32.

8 Genglers Werk ist 1934 in Berlin erschienen. Siehe dazu auch Karl Dietrich Bracher: Die nationalsozialistische Machtergreifung. Stufen der Machtergreifung, Opladen 1960, S. 293, Anm. 149. Das Zitat von Göring S. 7.

9 Lange: Generalfeldmarschall Mackensen (wie Anm. 3).

10 Lange: Der Kronprinz (wie Anm. 5). Die meisten Bände der Reihe standen auf der Liste der auszusondernden Literatur der deutschen Verwaltung für Volksbildung in der sowjetischen Besatzungszone.

11 Von der Trenck: Volk und Führer (wie Anm. 5), S. 37.

12 Langes Widmungen lauten: «Seiner Kaiserlichen Hoheit dem Kronprinzen Wilhelm der jetzt erschienene 2. Band als Ergänzung mit herzlichen Wünschen zum Fest, Carl Lange Danzig-Oliva, Dezember 1934», im «Deutschen Geist 1935» und im «Mackensen»: «Seiner Kaiserlichen Hoheit dem Kronprinzen Wilhelm in treuem Gedenken, Carl Lange, Juni 1935, Danzig-Ohru». Dass Wilhelm Langes «Mackensen» gelesen, zumindest durchgesehen hat, bezeugen rote Buntstiftanstreichungen von Passagen, die von ihm selbst handelten, S. 98 und S. 100. Eng war auch Langes Verhältnis zu Louis Ferdinand, dem späteren Chef des Hauses Hohenzollern, der, so die Kinder Langes, «einige Gedichte Carl Langes vertonte», siehe Gedichte und Gedanken (wie Anm. 3), S. 12. Louis Ferdinand widmete Lange den 1926 erschienenen Gedichtband «Strom aus der Tiefe»,

von dem ebenfalls ein Exemplar in der Bibliothek von Schloss Cecilienhof bewahrt wird: «Oliva, im März 1926, ‹Es ist immer das gleiche; sich treu zu bleiben, festhalten, sich nicht beirren lassen … und schaffen, wirken … aus Leid noch ein Fünkchen Freude herausholen, …. im Leben ewig Suchender sein, über sich (?) Strom … aus Licht kommt Kraft, aus Kraft Freude, aus Freud quillt Segen.› C. L. Ist es nicht mit der Kunst das gleiche, wenn sie zur Vertiefung führt? – S. K. H. Prinz Louis Ferdinand für eine Stille Stunde / Carl Lange.»

13 Von der Trenck: Volk und Führer (wie Anm. 5), rückwärtiger Klappentext.

14 Lange: Der Kronprinz (wie Anm. 5), S. 8.

15 Lange: Der Kronprinz (wie Anm. 5), S. 118.

16 Der Ausschnitt der Rezension angeführt in: Otto Weber-Krohse: Ritterorden, Preußen und Reich. Eine einfache und doch revolutionäre Darstellung der Preußischen Geschichte, Berlin 1935 (= Schlieffen-Bücherei: Geist von Potsdam, 9), S. 128.

17 Lange: Der Kronprinz (wie Anm. 5), S. 7–9.

18 Lange: Der Kronprinz (wie Anm. 5), S. 128 f. Siehe dazu die Pressereaktionen in: Dreyer (Hrsg.): Deutsche Kultur im Neuen Reich (wie Anm. 5), S. 142. Siehe auch Paul Herre: Kronprinz Wilhelm. Seine Rolle in der deutschen Politik, München 1954, S. 218: «Dieses uneingeschränkte Eintreten für den Führer des deutschen Nationalsozialismus vor dem Weltforum war um so bemerkenswerter, als in Deutschland gerade in diesen Wochen, selbst bei denen, die sich für eine Zusammenarbeit mit ihm hatten gewinnen lassen, die ersten Proteste gegen das diktatorische Regierungssystem laut wurden.»

19 Lange: Der Kronprinz (wie Anm. 5), S. 18 ff. und S. 37.

20 Lange: Der Kronprinz (wie Anm. 5), S. 39 f.

21 Lange: Der Kronprinz (wie Anm. 5), S. 99 ff.

22 Lange: Der Kronprinz (wie Anm. 5), S. 107 und S. 111.

23 Hitler: Der deutschen Kunst Zukunftsaufgabe (wie Anm. 7), S. 11.

24 Lange: Der Kronprinz (wie Anm. 5), S. 127 f.

25 Zur Rolle des Exkronprinzen Wilhelm beim 3. Waffentag der deutschen Kavallerie in Düsseldorf 1933 siehe: Jürgen Luh: Düsseldorf 1933. Der 3. Waffentag der deutschen Kavallerie oder Wie die alten Soldaten in den «neuen Staat» überführt wurden, in: Texte des RECS #40, 18/03/2021, URL: https://recs.hypotheses.org/6279 und in diesem Band S. 17–34.

26 Lange: Der Kronprinz (wie Anm. 5), S. 129. Nicht erwähnt hat Lange in

seiner das Bekenntnis des Exkronprinzen zum «neuen Staat» anführenden Aufzählung die Anwesenheit Wilhelms beim 8. Polizei-Hallensportfest im Berliner Sportpalast am 24. März 1933, das dieser gemeinsam mit Joseph Goebbels besuchte und an dem auch Göring und Frick teilnahmen. Das Bild mit dem neben Goebbels sitzenden Exkronprinzen wurde u. a. in Hunderttausender-Auflage in dem Sammelalbum «Das Neue Reich. Eine Bilderfolge unserer Zeit» von Greiling Zigaretten, Dresden 1933, als Bild-Nr. 44 verbreitet, neben dem Foto Nr. 43, das zeigt, wie die Polizisten mit ihren Körpern auf dem Hallenboden ein Hakenkreuz formen. Bei der Veranstaltung erklang, wie «Der Angriff» vom 25. März 1933 festhielt, das Horst-Wessel-Lied, gesungen von den Polizei-Sportlern, zu dem sich bis auf wenige Sportjournalisten alle Anwesenden in der Halle erhoben. Wilhelms Beisein wurde im Anschluss eigens betont, siehe Alfons Arenhövel (Hrsg.): Arena der Leidenschaften. Der Berliner Sportpalast und seine Veranstaltungen 1910–1973, Berlin 1990, S. 338. Im Sammelalbum «Das Neue Reich» erschien als Bild-Nr. 149 auch die Fotographie, die Wilhelm zwischen Röhm und Seldte bei der Unterstellung des Stahlhelms unter die SA am 24. September 1933 zeigt. Dass der Exkronprinz von der Öffentlichkeit sehr breit und gut und euphorisch wahrgenommen wurde, geht auch hervor aus Benjamin Hasselhorn: Symbolisches Kapital. Überlegungen zum «Hohenzollern-Charisma» nach 1918, in: Frank-Lothar Kroll, Christian Hillgruber, Michael Wolffsohn (Hrsg.): Die Hohenzollerndebatte. Beiträge zu einem geschichtspolitischen Streit, S. 175–207, S. 199–201.

27 Ausschnitte der Rezensionen von Langes «Der Kronprinz», in: Dreyer (Hrsg.): Deutsche Kultur im Neuen Reich (wie Anm. 5), Verlagsanzeigen, S. 142.

28 Ebd.

3. Die «Langemarck-Denkmalweihe» in Naumburg 1933, Franz Seldte und der Kronprinz

1 Einprägsam und gut geschrieben ist die Analyse von Bernd Hüppauf: Schlachtenmythen und die Konstruktion des «Neuen Menschen», in: Gerhard Hirschfeld, Gerd Krumeich, Irina Renz (Hrsg.): «Keiner fühlt sich hier als Mensch». Erlebnis und Wirkung des Ersten Weltkriegs, Essen 1993, S. 43–84, hier S. 45.

2 Zum Vorstehenden: Hüppauf: Schlachtenmythen (wie Anm. 1), S. 45 f.

3 Hüppauf: Schlachtenmythen (wie Anm. 1), S. 46 f.

4 Langemarck. Das Opfer der Jugend an allen Fronten, hrsg. v. Günter Kaufmann in Verbindung mit dem Arbeitsausschuß Langemarck beim Jugendführer des Deutschen Reichs, Berlin 1938, S. 24.

5 Hüppauf: Schlachtenmythen (wie Anm. 1), S. 51.

6 Hüppauf: Schlachtenmythen (wie Anm. 1), S. 51.

7 Zitiert nach Hans Peter Bleuel, Ernst Klinnert: Deutsche Studenten auf dem Weg ins Dritte Reich. Ideologien. Programme. Aktionen. 1918–1945, Gütersloh 1967, S. 195.

8 Hüppauf: Schlachtenmythen (wie Anm. 1), S. 53.

9 Josef Magnus Wehner: Langemarck. Ein Vermächtnis, München 1932.

10 Hüppauf: Schlachtenmythen (wie Anm. 1), S. 53.

11 Festschrift zum 4. Reichsführertag des Stahlhelm-Studentenring «Langemarck» im Stahlhelm B. d. F. zu Naumburg a. d. Saale vom 8.–11. Juni 1933, S. 3.

12 Festschrift (wie Anm. 11), S. 4.

13 «Der Bau des Langemarck-Ehrenmales», in: 1. Beilage zum Naumburger Tageblatt und zur Bad Kösener Allgemeinen Zeitung vom 17.08.1933; Naumburger Tageblatt vom 30.08.1933. Für Hilfe und Unterstützung bedanke ich mich herzlich bei Cordula Strehl, Leiterin Domstiftsbibliothek und Domstiftsarchiv Naumburg, Annegret Jungnickel, Archivleiterin Stadt Naumburg, sowie dem Kurator von Huis Doorn Cornelis van der Bas.

14 «Das erste Langemarck-Denkmal in Deutschland», in: Jenaer Volksblatt vom 08. 09. 1933, S. 2; «Ein Langemarck-Denkmal», in: Dresdner Neueste Nachrichten vom 08.09.1933, S. 2.

15 1. Beilage zum Naumburger Tageblatt und zur Bad Kösener Allgemeinen Zeitung vom 05.09.1933.

16 Beilage zum Frankenberger Tageblatt vom 07.09.1933 (Hervorhebungen im Original).

17 Siehe Stephan Malinowski: Die Hohenzollern und die Nazis. Geschichte einer Kollaboration, Berlin 2021, S. 262 f.

18 Siehe etwa «Burgfriede vorbei!», in: Freiburger Zeitung vom 04.04.1932 (Erstes Morgenblatt), S. 1; «Der zweite Reichspräsidenten-Wahlkampf entbrannt. Blutiger Auftakt – Ein Brief Hindenburgs an den Stahlhelm – Erregung in Berlin über eine Erklärung des früheren Kronprinzen», in: Bochumer Anzeiger und General Anzeiger vom 04.04.1932, S. 1; «Kronprinz für Hitler», in: Danziger Allgemeine Zeitung vom 04.04.1932, S. 1.

Die Erklärung des Exkronprinzen war reichsweit von der Presse aufgegriffen und veröffentlicht worden.

19 Paul Herre: Kronprinz Wilhelm. Seine Rolle in der deutschen Politik, München 1954, S. 209.

20 «Drei Reichspräsidentschafts-Kandidaten», in: Bochumer Anzeiger und General Anzeiger vom 01.04.1932, S. 1 und «Der zweite Reichspräsidenten-Wahlkampf entbrannt», in: Bochumer Anzeiger und General Anzeiger vom 04.04.1932, S. 1.

21 «Vor Beginn des neuen Wahlkampfes», in: Bochumer Anzeiger und General Anzeiger vom 02. 04. 1932, S. 1.

22 Herre: Kronprinz Wilhelm (wie Anm. 19), S. 209.

23 20. Juni 1934, The Hoover Institution Archives, Stanford, Collection Number 77 020, nach Malinowski: Die Hohenzollern und die Nazis (wie Anm. 17), S. 690, Anm. 80.

24 Volker R. Berghahn: Der Stahlhelm. Bund der Frontsoldaten 1918–1935 (= Beitr. z. Gesch. d. Parlamentarismus u. d. pol. Parteien, 33), Düsseldorf 1966, S. 217 ff. Duesterberg selbst hob hervor, dass die jüngeren Stahlhelmmitglieder wegen des von Hindenburg bestätigten Uniformverbotes sehr bereit waren, Hitler ihre Stimme zu geben: Theodor Duesterberg: Der Stahlhelm und Hitler, Wolfenbüttel, Hannover 1949, S. 34. Die Aussage des Exkronprinzen, er habe Hitler zwei Millionen Wähler zugeführt, tun Ulrich Schlie, Thomas Weber: Trouble mit den Hohenzollern? Das Haus Preußen zur Zeit des Nationalsozialismus und in der Gegenwart, in: Frank-Lothar Kroll, Christian Hillgruber, Michael Wolffsohn (Hrsg.): Die Hohenzollerndebatte. Beiträge zu einem geschichtspolitischen Streit, S. 13–33, S. 32, als «absurd» ab – allerdings ohne Analyse und weitere Begründung.

25 Zwischen zwei Wahlen in Deutschland, in: Freie Presse vom 19. April 1932, S. 1. Dass «das öffentliche Echo» auf den Wahlaufruf Wilhelms seine Aussage unwahrscheinlich mache, wie Benjamin Hasselhorn heute: Symbolisches Kapital. Überlegungen zum «Hohenzollern-Charisma» nach 1918, in: Frank-Lothar Kroll, Christian Hillgruber, Michael Wolffsohn (Hrsg.): Die Hohenzollerndebatte. Beiträge zu einem geschichtspolitischen Streit, S. 175–207, S. 200, meint, sah die Freie Presse damals offensichtlich ganz anders.

26 Berghahn: Der Stahlhelm (wie Anm. 24), S. 219 ff., Zitat S. 245.

27 Jens-Markus Sanker: «Stahlhelm unser Zeichen, schwarz-weiß-rot das Band …» Der Stahlhelm-Studentenring Langemarck. Hochschulpolitik in feldgrau 1926–1935 (= Historia academica, 43), Würzburg 2004, S. 108.

28 Berghahn: Der Stahlhelm (wie Anm. 24), S. 262. Siehe auch Rudolf Junack: Der Stahlhelm in der nationalen Revolution, in: Der Stahlhelm. Erinnerungen und Bilder, Bd. 2, Berlin 1933, S. 146–163, S. 146.

29 «Der Stahlhelm in die NSDAP. eingegliedert. Jungstahlhelm der SA.-Führung unterstellt», in: Dresdner Nachrichten vom 22.06.1933 (Früh-Ausgabe), S. 1; «Echo der Eingliederung des Stahlhelms. Begeisterte Zustimmung der Landesführer», in: Dresdner Nachrichten vom 22.06.1933 (Abend-Ausgabe), S. 1 (Hervorhebungen im Original).

30 Exkronprinz Wilhelm an Graf Pückler, Schloß Oels, den 24. Juni 1933, in: Carl Lange: Der Kronprinz, Berlin 1933, S. 99. So tendenziell jetzt auch Lothar Machtan: Der Kronprinz und die Nazis. Hohenzollerns blinder Fleck, Berlin 2021, S. 201 ff., wenngleich Machtan bei der erfolgten Eingliederung großer Teile des «Stahlhelms» in die SA dem Exkronprinzen nur die Funktion einer «Galionsfigur» (S. 203) zuerkennt und die aktive Förderung des Bekenntnisses zu Hitler zu übersehen scheint.

31 Dorothea Groener-Geyer: General Groener. Soldat und Mensch, Frankfurt a. M. 1955, S. 312; Der Aufstieg der NSDAP in Augenzeugenberichten, hrsg. und eingeleitet v. Ernst Deuerlein, München 1974, S. 385.

32 Sanker: Der Stahlhelm-Studentenring Langemarck (wie Anm. 27), S. 112.

33 «Die Reichsführertagung des Stahlhelm. Treuegelöbnis für den nationalsozialistischen Staat», in: Frankenberger Tageblatt vom 07.09.1933, S. 1.

34 «Goebbels Botschaft an die Jugend. 50 000 Jungen und Mädel im Deutschen Stadion», in: Dresdner Nachrichten vom 12.06.1933 (Früh-Ausgabe), S. 1, dort die vorstehenden Zitate.

35 Dazu Ulrich Herbert: Was haben die Nationalsozialisten aus dem Ersten Weltkrieg gelernt?, in: Ders.: Wer waren die Nationalsozialisten?, München 2021, S. 40–56, S. 47 f. und S. 49. Der Artikel erschien erstmals in: Gerd Krumeich (Hrsg.): Nationalsozialismus und Erster Weltkrieg, Essen 2010, S. 17–44.

36 Exkronprinz Wilhelm an Hitler, Potsdam-Cecilienhof, den 25.11.1932, abgedruckt in: Friedrich Wilhelm Prinz von Preußen: «Gott helfe unserem Vaterland». Das Haus Hohenzollern 1918–1945, München 1985, S. 100 f., Zitat S. 101.

37 «Im Zeichen von Langemarck. Zur heutigen Einweihung des Langemarck-Ehrenmals in Naumburg», in: 1. Beilage zum Naumburger Tageblatt und zur Bad Kösener Allgemeinen Zeitung vom 06.09.1933, dort die vorstehenden Zitate.

38 «Hütet das Erbe von Langemarck!», in: 1. Beilage zum Naumburger Tageblatt und zur Bad Kösener Allgemeinen Zeitung vom 06.09.1933.

39 «Am Vorabend der Langemarckfeier. Die ersten Abteilungen der Stahlhelmstudenten eingetroffen. – Die Bayernstreife kommt. – Begrüßung auf dem Marktplatz. – Prinz Wilhelm von Preußen heute in Naumburg», in: 1. Beilage zum Naumburger Tageblatt und zur Bad Kösener Allgemeinen Zeitung vom 05.09.1933; «Die Studenten rücken ein!», in: 1. Beilage zum Naumburger Tageblatt und zur Bad Kösener Allgemeinen Zeitung vom 06.09.1933. Zur Hakenkreuzarmbinde siehe Deutsche Uniformen. Album: SA SS HJ, Dresden 1933, o. S., [11].

40 «Ankunft des Prinzen Wilhelm», in: 1. Beilage zum Naumburger Tageblatt und zur Bad Kösener Allgemeinen Zeitung vom 06.09.1933.

41 «Zum Besuch des Kronprinzen», in: 1. Beilage zum Naumburger Tageblatt und zur Bad Kösener Allgemeinen Zeitung vom 06.09.1933.

42 «Langemarck – ein Ehrenmal des Deutschen Volkes. Der Langemarckstudentenring weiht im Beisein des Reichsarbeitsministers Seldte und des Kronprinzen sein Ehrenmal für die gefallenen Langemarckstürmer. Empfang des Kronprinzen», in: 1. Beilage zum Naumburger Tageblatt und zur Bad Kösener Allgemeinen Zeitung vom 07.09.1933.

43 Becker: Besucht uns in Naumburg!, in: Bund Alter Naumburger Domschüler zu Naumburg a. d. S., Nachrichtenblatt für unsere Bundesmitglieder, Nr. 15, 1934, S. 14–16, S. 16.

44 «Langemarck – ein Ehrenmal des Deutschen Volkes. Der Langemarckstudentenring weiht im Beisein des Reichsarbeitsministers Seldte und des Kronprinzen sein Ehrenmal für die gefallenen Langemarckstürmer. Fahnenweihe auf dem Marktplatz», in: 1. Beilage zum Naumburger Tageblatt und zur Bad Kösener Allgemeinen Zeitung vom 07.09.1933.

45 «Naumburg grüßt die Ehrengäste», in: 1. Beilage zum Naumburger Tageblatt und zur Bad Kösener Allgemeinen Zeitung vom 07.09.1933.

46 «Abendfeier im Dom», in: 1. Beilage zum Naumburger Tageblatt und zur Bad Kösener Allgemeinen Zeitung vom 07.09.1933.

47 «Der Bundesführer enthüllt das Denkmal», in: 1. Beilage zum Naumburger Tageblatt und zur Bad Kösener Allgemeinen Zeitung vom 07. 09. 1933.

48 «Standarte J 4 zieht ein. Rückkehr der Nürnberg-Teilnehmer», in: 1. Beilage zum Naumburger Tageblatt und zur Bad Kösener Allgemeinen Zeitung vom 05.09.1933.

49 «Der Bundesführer enthüllt das Denkmal», in: 1. Beilage zum Naumburger Tageblatt und zur Bad Kösener Allgemeinen Zeitung vom 07. 09. 1933.

50 «Langemarck-Naumburg. Die Weiherede Franz Seldtes am Ehrenmal», in: Naumburger Tageblatt vom 07.09.1933, S. 1.
51 «Beleuchtet die Häuser festlich!», in: 1. Beilage zum Naumburger Tageblatt und zur Bad Kösener Allgemeinen Zeitung vom 06. 09. 1933.
52 «Und gedachten der Toten ...», in: 1. Beilage zum Naumburger Tageblatt und zur Bad Kösener Allgemeinen Zeitung vom 07.09.1933.
53 «Ausklang und Zapfenstreich», in: 1. Beilage zum Naumburger Tageblatt und zur Bad Kösener Allgemeinen Zeitung vom 07.09.1933.
54 «Hitler an die deutsche Jugend», in: Vossische Zeitung vom 03. 09. 1933 (Morgen-Ausgabe), S. 1.
55 Ausschnitt der Rede von Schirachs: «Hitler an die deutsche Jugend», in: Vossische Zeitung vom 03. 09. 1933, S. 1 (Morgen-Ausgabe), S. 1; «An die deutsche Jugend. Die Rede des Führers bei der Kundgebung der Hitlerjugend», in: Dresdner Neueste Nachrichten vom 05.09.1933, S. 2.

4. Lothar Machtan: Der Kronprinz und die Nazis. Hohenzollerns blinder Fleck, eine Buchbesprechung

1 Paul Herre: Kronprinz Wilhelm. Seine Rolle in der deutschen Politik, München 1954; Klaus W. Jonas: Der Kronprinz Wilhelm, Frankfurt a. M. 1962.

5. Ich sage «Ja»! Der 12. November 1933, der Führerstaat und Kronprinz Wilhelm

1 Siehe etwa: «Deutschland verläßt den Völkerbund. Die Auflösungsorder und Aufruf der Reichsregierung», in: Vossische Zeitung vom 14.10.1933 (Abend-Ausgabe), S. 1.
2 «Die Auflösungsorder», in: Vossische Zeitung vom 14.10.1933 (Abend-Ausgabe), S. 1.
3 Zitat aus «Deutschland verläßt den Völkerbund!», in: General-Anzeiger für das gesamte rheinisch-westfälische Industriegebiet vom 15.10.1933, S. 1.
4 Foto mit Bildunterschrift, in: General-Anzeiger für das gesamte rheinisch-westfälische Industriegebiet vom 18.10.1933, S. 4.
5 Zitate aus Joseph Goebbels: Vom Kaiserhof zur Reichskanzlei. Eine historische Darstellung in Tagebuchblättern (Vom 1. Januar 1932 bis zum 1. Mai 1933), 19. Aufl., München 1937, S. 275 (1. Aufl. 1934).

6 So Goebbels in einer Rede vor der Presse am 15.03.1933, zitiert nach Richard J. Evans: Das Dritte Reich. Aufstieg, München 2005, S. 517. Siehe auch Karl Dietrich Bracher: Die nationalsozialistische Machtergreifung. Studien zur Errichtung des totalitären Herrschaftssystems in Deutschland 1933/34, Frankfurt/Main, Berlin, Wien 1974, S. 189, der ähnlich lautend aus einer Rundfunkrede Goebbels' vom 1. April 1933 zitiert.

7 Goebbels: Vom Kaiserhof zur Reichskanzlei (wie Anm. 5), S. 282.

8 Goebbels: Vom Kaiserhof zur Reichskanzlei (wie Anm. 5), S. 280 und S. 278 sowie Rede Goebbels' im Münchener Funkhaus vom 23. April 1933, siehe https://archive.org/details/19330423MuenchnerFunkhausAuszug4RedeVonJosephGoebbels2m04 s <24.01.2022>.

9 Robert H. Jackson, Chief American Prosecutor at the Nuremberg Trial, cross examination of Hermann Goering, March 18, 1946, Morning Session: https://www.youtube.com/watch?v=o-DTPT6D2ok <07.11.2022>.

10 Goebbels: Vom Kaiserhof zur Reichskanzlei (wie Anm. 5), S. 279.

11 Bracher: Machtergreifung (wie Anm. 6), S. 191. «Regierung der nationalen Konzentration» nach Hitlers Rede am 10. Februar 1933 im Berliner Sportpalast, siehe https://archive.org/details/dok-033 <24.01.2022>. Zur Gleichschaltung im Überblick siehe Martin Broszat: Der Staat Hitlers, 10. Aufl., München 1983, S. 82 ff. und Hans-Ulrich Thamer: Verführung und Gewalt. Deutschland 1933–1945, Berlin 1986 (= Die Deutschen u. ihre Nation, 5), S. 282 ff. und Norbert Frei: Der Führerstaat. Nationalsozialistische Herrschaft 1933 bis 1945, München 1987, S. 38 ff.

12 Bracher: Machtergreifung (wie Anm. 6), S. 192. Siehe auch Evans: Aufstieg (wie Anm. 6), S. 499.

13 Goebbels: Vom Kaiserhof zur Reichskanzlei (wie Anm. 5), S. 276.

14 Dazu Bracher: Machtergreifung (wie Anm. 6), S. 299 f.

15 Goebbels: Vom Kaiserhof zur Reichskanzlei (wie Anm. 5), S. 287.

16 Goebbels: Vom Kaiserhof zur Reichskanzlei (wie Anm. 5), S. 271.

17 Bracher: Machtergreifung (wie Anm. 6), S. 269 f.

18 Bracher: Machtergreifung (wie Anm. 6), S. 278.

19 Dazu Bracher: Machtergreifung (wie Anm. 6), S. 279–286.

20 Reichsgesetzblatt (RGBl.), 1933 I S. 479. Siehe dazu Bracher: Machtergreifung (wie Anm. 6), S. 299 f.

21 Deutschland erwacht. Werden, Kampf und Sieg der NSDAP, Auswahl der Lichtbilder Heinrich Hoffmann, Text Wilfrid Bade, hrsg. vom Cigaretten-Bilderdienst, Altona-Bahrenfeld 1933 (501.–600. Tausend), S. 101.

22 RGBl., 1933 I S. 479. Siehe dazu Bracher: Machtergreifung (wie Anm. 6), S. 474 f.

23 RGBl., 1933 I S. 529 f.

24 RGBl., 1933 I S. 175 f.

25 Bracher: Machtergreifung (wie Anm. 6), S. 472 und S. 473.

26 «Der Sinn der Volksabstimmung», in: Vossische Zeitung vom 16.10.1933 (Abend-Ausgabe), S. 3.

27 «Wir blasen nicht die Kriegsfanfare», in: Vossische Zeitung vom 21.10.1933 (Abend-Ausgabe), S. 3.

28 So Goebbels in einem Interview mit einem Vertreter des Wolffschen Telegraphenbüros am 09.11.1933 nach: «Der große Appell», in: Vossische Zeitung vom 10.11.1933, S. 11.

29 «Volksabstimmung und Neuwahl», in: Vossische Zeitung vom 15.10.1933 (Morgen-Ausgabe), S. 3.

30 «Der Sinn der Wahl», in: Vossische Zeitung vom 22.10.1933 (Morgen-Ausgabe), S. 1.

31 Otto Dietrich: Mit Hitler in die Macht. Persönliche Erlebnisse mit meinem Führer, 8. Aufl., München 1934, S. 187 und S. 188; «Otto Dietrich. Kopf der Woche», in: General-Anzeiger für das gesamte rheinisch-westfälische Industriegebiet vom 15.10.1933, S. 1.

32 «Mit Hitler an die Macht!», in: General-Anzeiger für das gesamte rheinisch-westfälische Industriegebiet vom 25.10.1933, S. 2; «Otto Dietrich im Deutschlandsender», in: Vossische Zeitung vom 24.10.1933 (Morgen-Ausgabe), S. 3.

33 «Der grüne Stimmzettel», in: Vossische Zeitung vom 16.10.1933 (Abend-Ausgabe), S. 3.

34 «Die Frage an das Volk», in: Vossische Zeitung vom 20.10.1933 (Morgen-Ausgabe), S. 1.

35 «Der Text des Stimmzettels», in: Vossische Zeitung vom 21.10.1933 (Morgen-Ausgabe), S. 3.

36 Robert H. Jackson, Chief American Prosecutor at the Nuremberg Trial, cross examination of Hermann Goering, March 18, 1946, Morning Session: https://www.youtube.com/watch?v=o-DTPT6D2ok <07.11.2022>.

37 Sehr ausführlich, deutlich und naiv-offen wiedergegeben in «Richtlinien für den Wahltag», in: Buckower Lokal-Anzeiger vom 09.11.1933, S. 3; «Zur Wahl», in: Schwedter Tageblatt vom 10.11.1933, S. 3. Zu den Einschüchterungen der Bevölkerung durch das NS-Regime im Vorfeld der Abstim-

mung und Wahl siehe Richard J. Evans: Das Dritte Reich. Band II/1 und 2: Diktatur, München 2010, S. 135 ff.

38 «Zur Wahl», in: Schwedter Tageblatt vom 10.11.1933, S. 3.

39 Die Rede nach: «Hitler geißelt das Versailler System», in: General-Anzeiger für das gesamte rheinisch-westfälische Industriegebiet vom 26.10. 1933, S. 5–6; «Das Lebensrecht der Nation», in: Vossische Zeitung vom 25.10.1933 (Abend-Ausgabe), S. 3; «Friede-Ehre-Recht!», in: Vossische Zeitung vom 25.10.1933 (Morgen-Ausgabe), S. 1; «Keiner Drohung opfern wir die Ehre», in: Dresdner Nachrichten vom 25.10.1933 (Abend-Ausgabe), S. 1–2; «Um Deutschlands Ehre und Freiheit», in: Dresdner Neueste Nachrichten vom 26.10.1933, S. 2–4. Ausschnitt aus der Tonaufzeichnung: https://archive.org/details/19331024AdolfHitlerImBerlinerSportpalastAuszug1UeberDasVerbotDerParteienUndGewerkschaften1m39s <09.02.2022>. Außerdem: https://archive.org/details/19331024AdolfHitlerImBerlinerSportpalastAuszug2UeberDieSaeuberungenImReich <09.02.2022>. Rekonstruktion der tatsächlich gehaltenen Rede nach den zitierten Veröffentlichungen.

40 «Der 12. November», in: Vossische Zeitung vom 29.10.1933 (Morgen-Ausgabe), S. 1.

41 «Friede-Ehre-Recht!», in: Vossische Zeitung vom 25.10.1933 (Morgen-Ausgabe), S. 1; «Der Kanzler im Berliner Sportpalast stürmisch umjubelt», in: Lokal-Anzeiger für Stadt und Land vom 25.10.1933 (Morgen-Ausgabe), S. 1.

42 «Die große Führerrede im Berliner Sportpalast», in: Der sächsische Erzähler vom 25.10.1933, S. 1.

43 «Friede-Ehre-Recht!», in: Vossische Zeitung vom 25.10.1933 (Morgen-Ausgabe), S. 1; «Der Kanzler im Berliner Sportpalast stürmisch umjubelt», in: Lokal-Anzeiger für Stadt und Land vom 25.10.1933 (Morgen-Ausgabe), S. 1; «Hitler eröffnet den Wahlkampf», in: Kölnische Zeitung vom 25.10.1933, S. 2; «Mit Hitler für einen Frieden der Ehre und Gleichberechtigung!», in: Godesberger Volkszeitung vom 25.10.1933, S. 1.

44 Siehe auch Stephan Malinowski: Die Hohenzollern und die Nazis. Geschichte einer Kollaboration, Berlin 2021, S. 373 f. Außerdem Lothar Machtan: Der Kronprinz und die Nazis. Hohenzollerns blinder Fleck, Berlin 2021, S. 210. Machtan reduziert Abstimmung und Wahl des 12. November 1933 auf die außenpolitische Frage des Austritts Deutschlands aus dem Völkerbund, siehe Anm. 14, S. 285. Aus dem Artikel Wilhelms zitiert er einige Passagen, nimmt aber Auslassungen vor, die er nicht kennzeich-

net. Siehe dazu Jürgen Luh: Buchbesprechung von Lothar Machtan: Der Kronprinz und die Nazis. Hohenzollerns blinder Fleck, Berlin 2021, in: RECS-Buchbesprechungen, 24/01/2022, URL: https://recs.hypotheses.org/6827 und in diesem Band S. 73–86.

45 Um eine große Reichweite innerhalb der Zeitungslandschaft zu erzielen, ließ Wilhelm seinen Artikel am 8. November sowohl durch Wolffs Telegraphisches Bureau (W. T. B.) als auch durch die Telegraphen-Union (TU oder T.U.) verbreiten. Auf eine der beiden Agenturen beziehen sich die Zeitungen, in denen der Artikel erschien. – «Novembertage», in: Kreuz-Zeitung (Reichsausgabe) vom 09.11.1933, S. 3 (Dank an Jessica Korschanowski); «Novembertage», in: Danziger Allgemeine Zeitung vom 10.11.1933, S. 1. In der Kreuz-Zeitung wird als Datum des Artikels «Cecilienhof», 9. November 1933 angegeben. Etwas gekürzt unter dem Titel: «Novembertage. Ein Artikel des Kronprinzen Wilhelm», in: Badische Presse vom 09.11.1933 (Morgen-Ausgabe), S. 2. Die Badische Presse gibt den 8. November 1933 für die Veröffentlichung des Artikels durch die Agenturen an. Zusammengefasst unter der Überschrift: «Ein Artikel des Exkronprinzen Wilhelm», in: Pester Loyd vom 09.11.1933. Gekürzt unter dem Titel «Novembertage. Ein Artikel von Kronprinz Wilhelm», in: Eisleber Tageblatt vom 09.11.1933. Ebenfalls gekürzt unter der Überschrift: «Novembertage. Kronprinz Wilhelms Dank an Hitler. – Ein Bekenntnis zum Dritten Reich», in: Bayerische Staatszeitung vom 10.11.1933. Die Angaben zum Pester Loyd, Eisleber Tageblatt und zur Bayerischen Staatszeitung nach der Akte in Berlin, Geheimes Staatsarchiv Preußischer Kulturbesitz (GStA PK), Rep. 100 A Nr. 388/2. In der Akte auch das maschinenschriftliche Manuskript des Textes von Exkronprinz Wilhelm (Dank an Stephan Malinowski für die Kopien aus der Akte). Gekürzt unter dem Titel «Novembertage», in: Jeversches Wochenblatt vom 10.11.1933, S. 7. Ob der Text «Novembertage» von Wilhelm wörtlich selbst verfasst wurde oder von einem seiner Vertrauten, ist unerheblich, denn er stand als «Kronprinz Wilhelm» mit seinem Namen und seinem Titel öffentlich dafür ein. Er machte sich also Inhalt und Form des Textes zu eigen.

46 Rede Hitlers vor dem Reichstag am 23. März 1933. Die Rede wurde reichsweit in den Zeitungen wiedergegeben. Dass Exkronprinz Wilhelm sie nicht gelesen und gekannt haben sollte, ist ausgeschlossen. Die Argumentation, Wilhelm sei es bei all seinem Eintreten für die Nazis «nur» um die Restauration der Monarchie gegangen, ist danach hinfällig, nicht erst im

Mai 1933, wie Machtan, Der Kronprinz (wie Anm. 43), S. 193 f. schreibt. Wilhelm wusste, dass dies mit den Nationalsozialisten und Hitler nicht zu erreichen war. Das Zitat hier nach: «Das Programm der Reichsregierung. Angenommen!», in: Lokal-Anzeiger für Stadt und Land vom 24.03.1933 (Morgen-Ausgabe), S. 2. Der Wortlaut der Rede in: Reden des Führers. Politik und Propaganda Adolf Hitlers 1922–1945, hrsg. v. Erhard Klöss, München 1967, S. 93–108, siehe S. 98.

47 Die Tagebücher von Joseph Goebbels. Sämtliche Fragmente, hrsg. von Elke Fröhlich, Tl. 1: Aufzeichnungen 1924–1941, Bd. 2: 1.1.1931–31.12.1936, München u. a. 1987, S. 454, Eintrag vom 5. August 1933. Dazu jetzt auch Andreas Kilb: Ein Foto aus Heiligendamm, in: Frankfurter Allgemeine Zeitung vom 20.04.2022, S. N 3.

48 Das Zitat auf S. 54 der Originalausgabe, München 1925, hier zitiert nach Hitler, Mein Kampf. Eine kritische Edition, hrsg. von Christian Hartmann u. a., Bd. 1, München, Berlin 2016, S. 205.

49 Siehe «Die große Kundgebung Görings in Kiel», in: Altonaer Nachrichten vom 28.10.1933, S. 1. Zu Wilhelm und Göring siehe William Shirer: Das Jahrzehnt des Unheils. Meine Erlebnisse und Erfahrungen in Deutschland und Europa 1930–1940, München 1989, S. 118, «bedeutende Kontakte» Görings zu Wilhelm. Siehe auch Malinowski: Die Hohenzollern und die Nazis (wie Anm. 42), S. 265 und S. 267 f.

50 Zum «Opfergang» siehe «Der Opfergang von München», in: Lokal-Anzeiger für Stadt und Land vom 10.11.1933 (Morgen-Ausgabe), S. 2.

51 Karl Dietrich Bracher: Die Auflösung der Weimarer Republik. Eine Studie zum Problem des Machtverfalls in der Demokratie, mit einer Einleitung von Hans Herzfeld, Stuttgart, Düsseldorf 1955 (= Schriften d. Instituts f. Politische Wissenschaft, 4), S. 546.

52 Machtan: Der Kronprinz und die Nazis (wie Anm. 42), S. 216 f., S. 224 ff.; Malinowski: Die Hohenzollern und die Nazis (wie Anm. 42), S. 427 ff., bes. S. 460 ff.

6. Ein öffentlicher Mann. Der deutsche Kronprinz Wilhelm 1930 bis 1934

1 Siehe etwa «Oster-Burgfrieden verordnet», in: Bochumer Anzeiger vom 18.03.1932, S. 1.

2 Der Wortlaut wurde von nahezu allen größeren Zeitungen des Reichs

wörtlich wiedergegeben. So etwa «Der zweite Reichspräsidenten-Wahlkampf entbrannt. Eine vom früheren Kronprinzen veröffentlichte Erklärung», in: Bochumer Anzeiger vom 04.04.1932, S. 1; «Wahl-Spiegel. Der Kronprinz für Hitler», in: Badischer Beobachter vom 04.04.1932, S. 2; «Der Kronprinz für Hitler» in: Karlsruher Tagblatt vom 03.04.1932, S. 2. Zu Wilhelms öffentlichen Auftritten siehe auch Georg Herbert: Hochmut und Fehlurteil. Eine kurze Geschichte der Vorschubleistung der Hohenzollern, in: Neue Zeitschrift für Verwaltungsrecht – Extra. In Zusammenarbeit mit der Neuen Juristischen Wochenschrift 7 (2022), S. 1–8.

3 Dazu Stephan Malinowski: Die Hohenzollern und die Nazis. Geschichte einer Kollaboration, Berlin 2021, S. 137 ff. und S. 257 ff.

4 «Der zweite Reichspräsidenten-Wahlkampf entbrannt. Eine vom früheren Kronprinzen veröffentlichte Erklärung», in: Bochumer Anzeiger vom 04.04.1932, S. 1.

5 Gerhard Paul: Aufstand der Bilder. Die NS-Propaganda vor 1933, Bonn 1990, S. 143 ff. und S. 180 ff., Zitat S. 143. Paul arbeitet die weit größere Bedeutung des Bildes in der NS-Propaganda als des «gedruckten Papiers» heraus. Die nationalsozialistischen Parteizeitungen machten Anfang der 1930er-Jahre aber nur einen kleinen Teil der gedruckten Presse in Deutschland aus: 59 Tageszeitungen im Jahr 1932 mit einer Auflage von nur 780 000 Exemplaren, siehe Martin Broszat: Der Staat Hitlers. Grundlegung und Entwicklung seiner inneren Verfassung, 10. Aufl., München 1983, S. 70.

6 Dazu ausführlich die Darstellung bei Malinowski, der auch die dichte Berichterstattung der internationalen Presse ausgewertet hat: Malinowski: Die Hohenzollern und die Nazis (wie Anm. 3), S. 123 ff.

7 «Der Kronprinz erhält keine Pension», in: Berliner Börsen-Zeitung vom 14.02.1930 (Abend-Ausgabe), S. 1.

8 «Ein Kunstskandal und seine Folgen. Verkauf eines Menzelbildes nach Holland», in: Vorwärts vom 28.04.1930 (Spätausgabe: Der Abend), S. 3; Ohne Überschrift als Meldung in: Deutsche Allgemeine Zeitung vom 29.04.1930 (Morgen-Ausgabe), S. 1.

9 «Die silberne Hochzeit des Kronprinzenpaares in Doorn», in: Berliner Börsen-Zeitung vom 11.06.1930 (Morgen-Ausgabe), S. 3.

10 «Der Europa-Rundflug hat begonnen», in: Berliner Börsen-Zeitung vom 21.07.1930 (Abend-Ausgabe), S. 4.

11 «Hünefeld, Ein Leben der Tat», in: Berliner Börsen-Zeitung vom 13.12.1930 (Morgen-Ausgabe), S. 3.

12 «Eine Unterredung mit dem Kronprinzen», in: Jeversches Wochenblatt

vom 05.09.1930, S. 1. Auch dieses Interview hatte Wilhelm schon über die Telegraphen-Union verbreiten lassen.

13 Der Stahlhelm. Erinnerungen und Bilder aus den Jahren 1918–1933, hrsg. im Auftr. des Gründers und Bundesführers Franz Seldte, 2 Bde., Berlin 1933, Bd. 1, S. 121; «Um des Friedens willen! Die Stahlhelmfeier am Deutschen Eck», in Berliner Börsen-Zeitung vom 05.10.1930 (Morgen-Ausgabe), S. 3; «Der Reichsfrontsoldatentag. Oeffentliche Kundgebung. Feier am Deutschen Eck», in: Karlsruher Tagblatt vom 05.10.1930, S. 2; «180 000 Stahlhelmer in Koblenz», in: Deutsche Allgemeine Zeitung vom 06.10.1930 (Abend-Ausgabe), S. 2; «Die Heerschau des Bundes der Frontsoldaten», in: Jeversches Wochenblatt vom 06.10.1930, S. 1.

14 «v. Seeckt und der ehemalige Kronprinz», in: Volksfreund vom 06.10. 1930, S. 3; «Stahlhelmer Friedrich Wilhelm. Der Exkronprinz zieht die Seldte-Uniform an», in Vorwärts vom 07.10.1930 (Morgen-Ausgabe), S. 2.

15 «Der Stahlhelm marschiert auf», in: Aachener Anzeiger vom 01.06.1931, S. 1; «Der Stahlhelm in Breslau», in: Altenaer Kreisblatt vom 01.06.1931, S. 2; «Bewußt provozierend», in: Badischer Beobachter vom 10.06.1931, S. 4.

16 Herzog Karl Eduard von Coburg, der sich ebenfalls für Hitler erklärte, war im Vergleich zu Exkronprinz Wilhelm keine prominente Figur.

17 «Ein Dementi des ehemaligen Kronprinzen», in: Durlacher Tageblatt vom 10.09.1930, S. 3.

18 «Hitler und der Kronprinz», in: Karlsruher Tagblatt vom 07.04.1932, S. 2. Der Artikel zitiert aus dem Bericht im Daily Express vom Vortag.

19 «Wahl-Spiegel. Der Kronprinz für Hitler. Ein besonders geeigneter Kämpfer gegen das ‹System›!», in: Badischer Beobachter vom 04.04.1932, S. 2.

20 Die Zeitungsstimmen wiedergegeben in «Der ehemalige Kronprinz für Hitler», in: Münsterischer Anzeiger vom 04.04.1932 (Morgen-Ausgabe), S. 1.

21 «Hitlers Programm», in: Essener Anzeiger vom 05.04.1932, S. 2.

22 «Der ‹Fridericus› plaudert aus. Eine vergebliche Kronprinzen-Kandidatur», in: Badischer Beobachter vom 08.04.1932, S. 2.

23 Ebd.

24 Siehe Volker R. Berghahn: Der Stahlhelm. Bund der Frontsoldaten 1918–1935 (= Beiträge zur Geschichte des Parlamentarismus und der politischen Parteien, 33), Düsseldorf 1966, S. 217 ff.; Jürgen Luh: Die «Langemarck-Denkmalweihe» in Naumburg 1933, Franz Seldte und der Kron-

prinz, in: Texte des RECS #44, 18/10/2021, URL: https://recs.hypotheses.org/6630 <16.05.2022> und in diesem Band S. 51–72.

25 «Die Lüge von dem Geheimabkommen mit dem Haus Hohenzollern», in: Der Führer vom 06.04.1932, S. 3.

26 «Ein legendäres Ehrenwort», in: Kölnische Zeitung vom 15.05.1932, S. 3. Thimmes Aufsatz war am 23.11.1923 in der Kölnischen Zeitung erschienen.

27 «Hohenzollern-Ehrenwort. Was hat der Kronprinz Stresemann versprochen? Von Wilhelm Sollmann», in: Vorwärts vom 20.05.1932 (Morgen-Ausgabe), S. 1f.

28 «Der Streit um das Kronprinzenwort. Ist der Kronprinz niemals eine Verpflichtung eingegangen? Eine Entgegnung auf den Artikel ‹Hohenzollern-Ehrenwort›», in: Badischer Beobachter vom 24.05.1932, S. 1; «Das Hohenzollernwort. Der Exkronprinz will von nichts wissen», in: Vorwärts vom 24.05.1932 (Morgen-Ausgabe), S. 2; «Kein Ehrenwort des Kronprinzen», in: Durlacher Tageblatt vom 27.05.1932, Zweites Blatt, S. 1.

29 «Legende oder Wahrheit? Die Verpflichtung des Exkronprinzen», in: Vorwärts vom 25.05.1932 (Spät-Ausgabe: Der Abend), S. 2.

30 Bundesarchiv, R 43 I, 2204, fol. 279 r.

31 Bundesarchiv, R 43 I, 2204, fol. 293 r.

32 Siehe Carl Lange: Der Kronprinz, Berlin 1934, S. 117 ff. Zu Carl Lange siehe Jürgen Luh: Carl Lange und «Der Kronprinz», in: Texte des RECS #42, 11/05/2021, URL: https://recs.hypotheses.org/6381 <16.05.2022> und in diesem Band S. 36–50.

33 «Kein Ehrenwort des Kronprinzen», in: Durlacher Tageblatt vom 27.05.1932, Zweites Blatt, S. 1.

34 Zu Lochner, der den amerikanischen Diplomaten suspekt war und «der lange als ‹Pressevertreter des Hauses Hohenzollern› galt», siehe Norman Domeier: Weltöffentlichkeit und Diktatur. Die amerikanischen Auslandskorrespondenten im «Dritten Reich», Göttingen 2021, S. 615.

35 «Kronprinz Wilhelm an Amerika», in: Durlacher Tageblatt vom 06.05.1932, S. 2; «In aller Kürze», in: Karlsruher Tagblatt vom 06.05.1932, S. 1.

36 «Der Papen-Stahlhelm marschiert», in: Der Führer vom 05.09.1932, S. 1.

37 Siehe Der Stahlhelm (wie Anm. 13), Bd. 1, S. 127.

38 «Eine Kundgebung des Stahlhelm», in: Karlsruher Zeitung vom 03.09.1932, S. 1.

39 «Stahlhelmtag in Berlin. Kundgebungen für den Reichspräsidenten und den Reichskanzler», in: Karlsruher Zeitung vom 05.09.1932, S. 2.

40 «Der Papen-Stahlhelm marschiert», in: Der Führer vom 05.09.1932, S. 1.

41 «Der Nationalsozialismus», in: Karlsruher Zeitung vom 15.10.1932, S. 2.

42 «Eine Mahnung des Kronprinzen», in: Karlsruher Tagblatt vom 16.10. 1932, S. 2. Dazu Malinowski: Die Hohenzollern und die Nazis (wie Anm. 3), S. 370. Dort, S. 706, Anm. 132, auch weitere Presseartikel über den Brief des Exkronprinzen.

43 Dieses Schreiben Wilhelms erweitert und bestätigt noch einmal sehr, was die Forschung bereits lange herausgearbeitet hat, siehe Paul Herre: Kronprinz Wilhelm. Seine Rolle in der deutschen Politik, München 1954, S. 200 f.; Klaus W. Jonas: Der Kronprinz Wilhelm, Frankfurt a. M. 1962, S. 232 f.; John C. G. Röhl: Wilhelm II. Der Weg in den Abgrund 1900–1941, München 2009, S. 1302 ff., bes. S. 1306.; Lothar Machtan: Der Kronprinz und die Nazis. Hohenzollerns blinder Fleck, Berlin 2021, S. 104; Malinowski: Die Hohenzollern und die Nazis (wie Anm. 3), S. 265 ff.

44 «Der Exkronprinz an Groener. Unverschämte Einmischungsversuche der Hohenzollern», in: Vorwärts vom 15.10.1932 (Spätausgabe: Der Abend), S. 1; «Der Kronprinz», in: Volksfreund vom 17.10.1932, S. 1; «Unverschämte Hohenzollernklänge», in: Volksblatt vom 17.10.1932, S. 1. Der Brief auch abgedruckt in: Dorothea Groener-Geyer: General Groener. Soldat und Staatsmann, Frankfurt am Main 1955, S. 311–312 und auszugsweise in: Der Aufstieg der NSDAP in Augenzeugenberichten, hrsg. und eingeleitet von Ernst Deuerlein, München 1974, S. 384–385. Siehe dazu Malinowski: Die Hohenzollern und die Nazis (wie Anm. 3), S. 266 f.

45 «Der Exkronprinz an Groener. Unverschämte Einmischungsversuche der Hohenzollern», in: Vorwärts vom 15.10.1932 (Spätausgabe: Der Abend), S. 1; «Der Kronprinz», in: Volksfreund vom 17.10.1932, S. 1; «Unverschämte Hohenzollernklänge», in: Volksblatt vom 17.10.1932, S. 1.

46 «Kombinationen um Hindenburg», in: Badischer Beobachter vom 10.02. 1933, S. 1.

47 Siehe etwa «Hindenburg auf der Reichsgründungsfeier des Kyffhäuserbundes», in: Jeversches Wochenblatt vom 16.01.1933, S. 1; «Versailles gegen Versailles», in: Badische Presse vom 16.01.1933 (Morgen-Ausgabe), S. 2; «Ansprache des Reichswehrministers», in: Badischer Beobachter vom 16.01.1933, S. 2; «Hindenburg und der Kronprinz beim Kyffhäuserbund», in: Der Führer vom 17.01.1933, S. 2; «Rede des Reichskanzlers a. D. von Papen. Auf einer Reichsgründungsfeier des Stahlhelms», in: Durlacher Tageblatt vom 20.01.1933, S. 2.

48 «Das Staatsbegräbnis für die beiden Opfer des 30. Januar», in: Jeversches

Wochenblatt vom 06.02.1933, S. 1. Dazu Malinowski: Die Hohenzollern und die Nazis (wie Anm. 3), S. 337–339.

49 «Das Staatsbegräbnis», in: Berliner Volksblatt vom 07.01.1933, S. 4; «Das Staatsbegräbnis», in: Vorwärts vom 07.02.1933 (Morgen-Ausgabe), S. 4.

50 «Unbekanntes zur Trauerfeier im Berliner Dom», in: Badischer Beobachter vom 08.02.1933, S. 6.

51 «Das Staatsbegräbnis für die beiden Opfer des 30. Januar», in: Jeversches Wochenblatt vom 06.02.1933, S. 1; «Das Staatsbegräbnis in Berlin für die beiden Opfer des 30. Januar», in: Karlsruher Tagblatt vom 06.02.1933, S. 2.

52 «Der kritische Sonntag in Berlin», in: Durlacher Tageblatt vom 23.01.1933, S. 1. Sicher ist, dass der Exkronprinz nicht persönlich zu der Wessel-Ehrung erschienen ist. Bislang war jedoch nicht klar, ob, was die Kranz-Spende anlangte, eine Verwechslung zwischen Wilhelm und seinem Bruder, dem SA-Mann August Wilhelm, vorlag. Siehe Malinowski: Die Hohenzollern und die Nazis (wie Anm. 3), S. 342. Durch den offensichtlich eigenen Bericht im Durlacher Tageblatt erscheint eine Verwechslung nun aber ausgeschlossen. Denn die eindeutige Erwähnung des «Kronprinzen» als Kranz-Spender und die ausdrückliche Erwähnung der Niederlegung des Kranzes durch einen Stahlhelmmann weist eindeutig auf Wilhelm hin und nicht auf seinen SA-Bruder. Damit ist die Ex-negativo-Argumentation des Gutachtens von Wolfram Pyta und Rainer Orth (http://hohenzollern.lol/gutachten/pyta.pdf, S. 58–66 <20.05.2022>) hinfällig. Dass ein Stahlhelmmann den Kranz niederlegte, war Pyta/Orth nicht bekannt. Ihre Argumentation stützt sich auf die in der Tat nicht ganz korrekten Ausführungen in der sozialdemokratischen Presse sowie darauf, was in anderen Zeitungen nicht gestanden hatte.

53 «Der Staatsakt in Potsdam. Die Platzverteilung in der Garnisonskirche», in: Lokal-Anzeiger für Stadt und Land vom 21.03.1933 (Morgen-Ausgabe), S. 2; «Der Staatsakt in der Garnisonkirche», in: Der Führer vom 22.03.1933, S. 4.

54 Hitlers Rede wurde in nahezu allen Zeitungen abgedruckt. Die Zitate hier aus: Der Tag von Potsdam. Zum 21. März 1933. Gedenkausgabe «Die Woche», Berlin 1933, S. 7 f.

55 «Der Vorbeimarsch im Lustgarten», in: Durlacher Tageblatt vom 22.03.1933, S. 2.

56 «Ausklang der Feier», in: Badische Presse vom 21.03.1933 (Abend-Ausgabe), S. 2.

57 Das Foto davon etwa in: Reichstagseröffnungsfeier in Potsdam. Das Er-

lebnis des 21. März in Wort und Bild, hrsg. von Hans Hupfeld, Potsdam 1933, S. 51 (= Potsdamer Tageszeitung); Der Tag von Potsdam. Gedenkausgabe «Die Woche» (wie Anm. 54), S. 10; Berliner Illustrirte Zeitung. Sonderheft: Der 21. März 1933. Die Staatsfeierlichkeiten bei der Reichstagseröffnung, S. 20. Siehe auch «Der große Tag von Potsdam», in: Jeversches Wochenblatt vom 22.03.1933. S. 1.

58 «Der erste nationalsozialistische Reichstag ist eröffnet», in: Der Führer vom 22.03.1933, S. 2.

59 «Deutscher Reichstag. Die erste Sitzung», in: Durlacher Tageblatt vom 22.03.1933, S. 2. Siehe auch «Die erste Sitzung bei Kroll», in: Badische Presse vom 22.03.1933 (Morgen-Ausgabe), S. 1. Das Foto in: Berliner Illustrirte Zeitung. Sonderheft (wie Anm. 57), S. 22. Auch in: Der Tag von Potsdam. Gedenkausgabe «Die Woche» (Anm. 54), S. 20. Siehe auch Malinowski: Die Hohenzollern und die Nazis (wie Anm. 3), S. 351 f.

60 «Der Reichstag in der Krolloper», in: Karlsruher Tagblatt vom 22.03.1933, S. 3.

61 Joseph Goebbels: Vom Kaiserhof zur Reichskanzlei, München 1934, S. 288.

62 «Gegen die Greuelpropaganda in Amerika», in: Westfälischer Beobachter vom 27.03.1933, S. 2.

63 Goebbels: Vom Kaiserhof zur Reichskanzlei (wie Anm. 61), S. 289.

64 «Wir haben es satt! Selbstschutz gegen jüdische Greuelhetze», in: Westfälischer Beobachter vom 28.03.1933, S. 1.

65 «Kleine Nachrichten», in: Jeversches Wochenblatt vom 29.03.1933, S. 2. Dazu wie überhaupt zu den Interviews des Exkronprinzen mit amerikanischen Zeitungen und den Hohenzollern als Fürsprechern des Nationalsozialismus in den Vereinigten Staaten grundlegend Karina Urbach: Nützliche Idioten. Die Hohenzollern und Hitler, in: Preußendämmerung. Die Abdankung der Hohenzollern und das Ende Preußens, hrsg. von Thomas Biskup, Truc Vu Minh, Jürgen Luh, Heidelberg 2019, S. 65–93, S. 69 ff., bes. S. 87 f.

66 «Der Kronprinz gegen die Greuel-Propaganda», in: Essener Anzeiger vom 29.03.1933, S. 2.

67 Der Stahlhelm (wie Anm. 13), Bd. 2, S. 153.

68 «Hitlers Appell an die Welt», in: Durlacher Tageblatt vom 18.05.1933, S. 1. Der Exkronprinz wurde auch eigens genannt in: «Günstige Aufnahme der Rede Hitlers», in: Badische Presse vom 18.05.1933 (Morgen-Ausgabe), S. 1.

69 «Gerüchte», in: Badischer Beobachter vom 24.05.1933, S. 2: «Wie wir erfahren, bestätigt sich die Meldung, daß …»

70 «In der richtigen Gesellschaft», in: Deutsche Freiheit vom 29.07.1933, S. 3.

71 Das Neue Reich. Eine Bilderfolge unserer Zeit, o. O. u. J. [*Sammelbilderalbum, Greiling Zigarettenfabrik,* Dresden 1933], Abb. 43 und 44.

72 Der Angriff vom 25.03.1933, zitiert nach: Arena der Leidenschaften. Der Berliner Sportpalast und seine Veranstaltungen 1910–1973, hrsg. von Alfons Arenhövel, Berlin 1990, S. 338.

73 Carl Lange: Der Kronprinz, Berlin 1934 (= Schlieffen-Bücherei: Geist von Potsdam, Bd. 3), S. 129.

74 Die Tagebücher von Joseph Goebbels. Sämtliche Fragmente, hrsg. von Elke Fröhlich, Tl. 1: Aufzeichnungen 1924–1941, Bd. 2: 1.1.1931–31.12.1936, München u. a. 1987, S. 454, Eintrag vom 5. August 1933.

75 Der Text der Hitler-Rede wurde in nahezu allen Tageszeitungen des Reichs wörtlich wiedergegeben. Dass der Exkronprinz die Ausführungen Hitlers zur Monarchie nicht kannte, kann ausgeschlossen werden. Der Text leicht zugänglich in: Reden des Führers. Politik und Propaganda Adolf Hitlers 1922–1945, hrsg. v. Erhard Klöss, München 1967, S. 93–108, S. 98.

76 Siehe Max Merbeck: Der Kronprinz steht vor Dir. Ein Lebensbild, Hamburg o. J. [1933], vor S. 49 und vor S. 65; «Der Kronprinz bei der Stahlhelmparade in Wittenberge», in: Jeversches Wochenblatt vom 17.05.1933, S. 7.

77 Siehe dazu Jürgen Luh: Düsseldorf 1933. Der 3. Waffentag der deutschen Kavallerie oder Wie die alten Soldaten in den «neuen Staat» überführt wurden, in: Texte des RECS #40, 18/03/2021, URL: https://recs.hypotheses.org/6279 <13.06.2022> und in diesem Band S. 17–34; «Der Düsseldorfer Kavallerietag», in: Jeversches Wochenblatt vom 05.07.1933, S. 1.

78 «Der Kronprinz plaudert über seine Eindrücke und Erinnerungen. ‹Ich bin von Düsseldorf begeistert!› (Aus einem Zeitungs-Interview)», in: Deutsche Kavallerie-Zeitung vom 01.08.1933, S. 123 f. SS-Sturmbannführer Joachim Caesar leitete später die landwirtschaftlichen Betriebe in Auschwitz.

79 «Der Kronprinz plaudert über seine Eindrücke und Erinnerungen. ‹Ich bin von Düsseldorf begeistert!› (Aus einem Zeitungs-Interview)», in: Deutsche Kavallerie-Zeitung vom 01.08.1933, S. 124. Siehe auch Luh: Düsseldorf 1933 (wie Anm. 77).

80 Max Merbeck: Der Kronprinz steht vor Dir. Ein Lebensbild, Hamburg 1933, S. 5. Das Büchlein war u. a. wegen des «ehrlich ringenden Willen[s]

des Kronprinzen» von der Deutschen Zeitung empfohlen worden, siehe «Der Kronprinz steht vor Dir!», in: Neuer Vorwärts vom 06.08.1933, S. 3.

81 «Der Kronprinz bei seinem Lehrmeister», in: Badische Presse vom 30.11. 1933 (Abend-Ausgabe), S. 2.

82 Merbeck: Der Kronprinz steht vor Dir (wie Anm. 80), S. 7 f., 25, 28 f. Siehe auch S. 48.

83 Merbeck: Der Kronprinz steht vor Dir (wie Anm. 80), S. 77 f.

84 Merbeck: Der Kronprinz steht vor Dir (wie Anm. 80), S. 52.

85 Dazu Luh: Die «Langemarck-Denkmalweihe» in Naumburg 1933 (wie Anm. 24).

86 «Langemarck – ein Ehrenmal des Deutschen Volkes. Der Langemarckstudentenring weiht im Beisein des Reichsarbeitsministers Seldte und des Kronprinzen sein Ehrenmal für die gefallenen Langemarckstürmer. Empfang des Kronprinzen», in: 1. Beilage zum Naumburger Tageblatt und zur Bad Kösener Allgemeinen Zeitung vom 07.09.1933.

87 Ausschnitt der Rede von Schirachs: «Hitler an die deutsche Jugend», in: Vossische Zeitung vom 03.09.1933 (Morgen-Ausgabe), S. 1.

88 «Heute Stahlhelmführer-Tagung», in: Rhein- und Ruhrzeitung vom 23.09.1933 (Morgen-Ausgabe), S. 1.

89 «Der ewige Bund wurde geschlossen», in: Essener Anzeiger vom 24.09. 1933, S. 1.

90 Siehe Malinowski: Die Hohenzollern und die Nazis (wie Anm. 3), S. 373.

91 «Ein furchtbares Lastkraftwagenunglück», in: Rhein- und Ruhrzeitung vom 11.09.1933 (Morgen-Ausgabe), S. 1.

92 «Bochum im Zeichen der Trauer. Das Begräbnis der zehn verunglückten SA.-Männer», in: Essener Allgemeine Zeitung vom 14.09.1933 (Abend-Ausgabe), S. 1; «Die Beisetzungsfeierlichkeiten in Bochum», in: Essener Allgemeine Zeitung vom 15.09.1933 (Morgen-Ausgabe), S. 1; «Das Staatsbegräbnis in Bochum», in: Rhein- und Ruhrzeitung vom 15.09.1933 (Morgen-Ausgabe), S. 1; «Feierliche Beisetzung unserer SA.-Kameraden», in: Westfälischer Beobachter vom 15.09.1933, S. 1.

93 «Die Beisetzungsfeierlichkeiten in Bochum», in: Essener Allgemeine Zeitung vom 15.09.1933 (Morgen-Ausgabe), S. 1.

94 «Der Appell der schlesischen S. A.», in: Der Führer vom 09.10.1933, S. 2.

95 «Der Kronprinz: Hitler eine Persönlichkeit vom Format Mussolinis», in: Durlacher Tageblatt vom 31.07.1933, Zweites Blatt, S. 2.

96 «Kronprinz dankt herzlich! Das vortrefflich gelungene ‹Heil Hitler,

Dir!›-Buch», in: Deutsche Freiheit vom 22.08.1933, S. 8. Das Liederbuch erschien unter dem Titel «Heil Hitler Dir! Kampf- und Trutz-Lieder der erweckten Nation», neu bearbeitet und ergänzt noch im Jahr 1933 in zweiter Auflage.

97 «‹Warum ist die Welt gegen uns›. Der Kronprinz über die Lage in Deutschland», in: Durlacher Tageblatt vom 12.09.1933, Zweites Blatt, S. 1.

98 «Weitere Glückwünsche», in: Der Führer vom 02.10.1933, S. 4; «Glückwünsche zu Hindenburgs Geburtstag», in: Durlacher Tageblatt vom 02.10.1933, Zweites Blatt, S. 1.

99 Dazu ausführlich: Jürgen Luh: Ich sage «Ja»! Der 12. November 1933, der Führerstaat und Kronprinz Wilhelm, in: Texte des RECS #48, 05/04/2022, URL: https://recs.hypotheses.org/6981 <07.07.2022> und in diesem Band S. 87–112). Um eine große Reichweite innerhalb der Zeitungslandschaft zu erzielen, ließ Wilhelm seinen Artikel am 8. November sowohl durch Wolffs Telegraphisches Bureau (W. T. B.) als auch durch die Telegraphen-Union (TU oder T.U.) verbreiten. Auf eine der beiden Agenturen beziehen sich die Zeitungen, in denen der Artikel erschien. – «Novembertage», in: Kreuz-Zeitung (Reichsausgabe) vom 09.11.1933, S. 3 (Dank an Jessica Korschanowski); «Novembertage», in: Danziger Allgemeine Zeitung vom 10.11.1933, S. 1. In der Kreuz-Zeitung wird als Datum des Artikels «Cecilienhof», 9. November 1933 angegeben. Etwas gekürzt unter dem Titel: «Novembertage. Ein Artikel des Kronprinzen Wilhelm», in: Badische Presse vom 09.11.1933 (Morgen-Ausgabe), S. 2. Die Badische Presse gibt den 8. November 1933 für die Veröffentlichung des Artikels durch die Agenturen an. Zusammengefasst unter der Überschrift: «Ein Artikel des Exkronprinzen Wilhelm», in: Pester Loyd vom 09.11.1933. Gekürzt unter dem Titel «‹Novembertage›. Ein Artikel von Kronprinz Wilhelm», in: Eisleber Tageblatt vom 09.11.1933. Ebenfalls gekürzt unter der Überschrift: «‹Novembertage›. Kronprinz Wilhelms Dank an Hitler. – Ein Bekenntnis zum Dritten Reich», in: Bayerische Staatszeitung vom 10.11.1933. Die Angaben zum Pester Loyd, Eisleber Tageblatt und zur Bayerischen Staatszeitung nach der Akte in Berlin, Geheimes Staatsarchiv Preußischer Kulturbesitz (GStA PK), Rep. 100 A Nr. 388/2. In der Akte auch das maschinenschriftliche Manuskript des Textes von Exkronprinz Wilhelm (Dank an Stephan Malinowski für die Kopien aus der Akte). Gekürzt unter dem Titel «Novembertage», in: Jeversches Wochenblatt vom 10.11.1933, S. 7.

100 Zitate nach «Novembertage», in: Kreuz-Zeitung (Reichsausgabe) vom 9. November 1933, S. 3.

101 «22. Berliner Hallensportfest», in: Der Führer vom 09.01.1934, S. 5; Arena der Leidenschaften. Der Berliner Sportpalast (wie Anm. 72), S. 346 f.

102 «Der Führer eröffnet die Autoschau», in: Badische Presse vom 08.03.1934 (Abend-Ausgabe), S. 1. Foto bei Machtan: Der Kronprinz und die Nazis (wie Anm. 53), S. 216.

103 «Kronprinz Wilhelm in SA.-Uniform», in: Jeversches Wochenblatt vom 07.03.1934, S. 4; «SA-Mann Kronprinz», in: Karlsruher Tagblatt vom 07.03. 1934, S. 3; «SA-Mann Kronprinz Wilhelm», in: Badische Presse vom 09.03. 1934 (Morgen-Ausgabe), S. 4.

104 «Hower bleibt Meister», in: Badischer Beobachter vom 11.03.1934, S. 9.

105 Hermann Göring: Aufbau einer Nation, 2. Aufl., Berlin 1934, S. 31 und S. 33.

106 Die gesamte Rede in: «Goebbels gegen die Lügenhetze. Abrechnung mit den Märchen der Auslandspresse zum 30. Juni», in: Badische Presse vom 11.07.1934 (Abend-Ausgabe), S. 7.

107 «Das Testament Hindenburgs: Der Eindruck im Ausland», in: Badische Presse vom 16.08.1934 (Abend-Ausgabe), S. 2.

108 «Goebbels gegen die Lügenhetze. Abrechnung mit den Märchen der Auslandspresse zum 30. Juni», in: Badische Presse vom 11.07.1934 (Abend-Ausgabe), S. 7. Siehe dazu Malinowski: Die Hohenzollern und die Nazis (wie Anm. 3), S. 446 f.

109 «Der Exkronprinz preist Hitlers ‹magnetische Kraft›. Interview mit dem Exkronprinzen», in: Baseler Nachrichten vom 15.08.1934, S. 2. Der Artikel basiert auf «Reverrons-nous la guerre? ‹Il n'y aura plus de guerre franco-allmande›», in: Petit Journal vom 15.08.1934, S. 1: «L'étranger ne peut pas comprendre la dette de reconnaissance que la nation allemande a contractée à l'égard d'Adolf Hitler. Cet un professeur d'énergie incomparable et il n'était rien dont nous eussions plus besoin. Il a infléchi par la force de son magnétisme l'évolution historique. Et cela et acquis, quois qu'il arrive désormais.» Stephan Malinowski danke ich für Kopien beider Artikel.

110 Zitiert nach Machtan: Der Kronprinz und die Nazis (wie Anm. 53), S. 228 und S. 290, der sich auf einen entsprechenden Beitrag im Berliner Tageblatt vom 15.08.1934 bezieht.

111 «Reverrons-nous la guerre? ‹Il n'y aura plus de guerre franco-allmande›», in: Petit Journal vom 15.08.1934, S. 1.

112 Siehe Malinowski: Die Hohenzollern und die Nazis (wie Anm. 3), S. 462.

Nachwort

1 Die beste Darstellung der letzten Wochen und Tage im Führerbunker unter der Reichskanzlei in Berlin bei Ian Kershaw: Hitler. 1936–1945, Stuttgart 2000, S. 1025–1072.

2 Kershaw: Hitler (wie Anm. 1), S. 1082.

3 Klaus W. Jonas: Der Kronprinz Wilhelm, Frankfurt a. M. 1962, S. 281. Das Folgende nach Jonas S. 281 ff.

4 Jonas: Kronprinz Wilhelm (wie Anm. 3), S. 286.

5 Jonas: Kronprinz Wilhelm (wie Anm. 3), S. 7.

6 Carl Lange: Der Kronprinz und sein wahres Gesicht, Leipzig 1921. Ders.: Der Kronprinz, Berlin 1934.

7 Jonas: Kronprinz Wilhelm (wie Anm. 3), S. 8.

8 Jonas: Kronprinz Wilhelm (wie Anm. 3), S. 10.

9 Stephan Malinowski: Die Hohenzollern und die Nazis. Geschichte einer Kollaboration, Berlin 2021, vor allem S. 513–567.

10 Zu Lochner und den übrigen amerikanischen Auslandskorrespondenten im «Dritten Reich» jetzt: Norman Domeier: Weltöffentlichkeit und Diktatur. Die amerikanischen Auslandskorrespondenten im «Dritten Reich», Göttingen 2021.

11 Jonas: Kronprinz Wilhelm (wie Anm. 3), S. 286. Datiert ist das Manuskript offensichtlich mit 1946, siehe Lothar Machtan: Der Kronprinz und die Nazis. Hohenzollerns blinder Fleck, Berlin 2021, S. 35 und S. 251, Anm. 55.

12 Nach Malinowski: Die Hohenzollern (wie Anm. 8), S. 517.

13 Jonas: Kronprinz Wilhelm (wie Anm. 3), S. 290–295. Danach die Darstellung und dort die Zitate. Wilhelm traf am 30. Juni 1947 in Nürnberg ein, um als Zeuge auszusagen, siehe: Kronprinz Wilhelm als Zeuge, in: Badische Neueste Nachrichten vom 01.07.1947.

14 Siehe Machtan: Der Kronprinz (wie Anm. 9), S. 35.

15 «Der Kronprinz, die Idioten und die schöne Frau», in: Die Zeitung. Londoner deutsches Wochenblatt vom 25.05.1945, S. 2. Dort auch das folgende Zitat.

16 Siehe Malinowski: Die Hohenzollern (wie Anm. 8), S. 517 f.

17 Jonas: Kronprinz Wilhelm (wie Anm. 3), S. 224 und S. 313, Anm. 108 und 111.

18 Friedrich Wilhelm Prinz von Preußen: «Gott helfe unserem Vaterland».

Das Haus Hohenzollern 1918–1945, 2. erweiterte u. durchgesehene Aufl., München 2003, S. 88. (1. Aufl. 1985). Gleichwohl baute auch Friedrich Wilhelm Prinz von Preußen seine Erzählung stark auf ein angebliches «Restaurationskonzept» auf, siehe S. 67–157.

19 Jonas: Kronprinz Wilhelm (wie Anm. 3), S. 293.

20 Bundesarchiv R 34 I 4063 fol. 104 r,v.

21 Vollständig abgedruckt in Prinz von Preußen: «Gott helfe unserem Vaterland» (wie Anm. 18), S. 233. Interessanterweise kannte Prinz von Preußen den Brief vom 20. September 1939 nicht, was doch erstaunt. Es fehlen in seinem Buch einige Tatsachen. Außerdem, um Unwesentliches gekürzt, bei Karina Urbach: Nützliche Idioten. Die Hohenzollern und Hitler, in: Preußendämmerung. Die Abdankung der Hohenzollern und das Ende Preußens, hg. v. Thomas Biskup, Truc Vu Minh, Jürgen Luh, Heidelberg 2019 (= KultGeP-Colloquien, 8), S. 65–93, S. 91. Der Artikel ist grundlegend für das Thema und den Umgang der Hohenzollern damit.

Bildnachweis

Seite 19, 28, 31, 45, 49, 52 (Postkarte, 1933), 111, 129, 133 (beide Fotos): Archiv des Autors

Seite 63: © Museum Huis Doorn, Fotosammlung HuDF-A108–35, Foto: Heinrich Classens

Seite 66: © Museum Huis Doorn, Fotosammlung HuDF-A108–36, Foto: Heinrich Classens

Seite 68: © Museum Huis Doorn, Fotosammlung HuDF-A108–49, Foto: Heinrich Classens

Seite 75: Foto: Heinz Röhnert/akg-images, Berlin

Seite 83: © Museum Huis Doorn, Fotosammlung HuDF-A108–37, Foto: Heinrich Classens

Seite 88: in: Westfälischer Beobachter vom 02.11.1933, S. 8

Seite 106: Foto mit Erläuterung in: Deutsche Freiheit vom 20./21.08.1933, S. 1

Seite 145: Foto aus: Der Führer vom 09.01.1934, S. 5